本成果受到中国人民大学2018年度
"中央高校建设世界一流大学（学科）和特色发展引导专项资金"支持

智库丛书
Think Tank Series
国家发展与战略丛书
人大国发院智库丛书

"大摩擦""大调整""大变局"的世界经济
经济全球化的重塑与"大平庸"周期的延展

"Big Friction" "Big Adjustment" "Big Change":
Rebuilding of Economic Globalization and Extension
of the Great Mediocrity Period

王晋斌 著

中国社会科学出版社

图书在版编目(CIP)数据

"大摩擦""大调整""大变局"的世界经济:经济全球化的重塑与"大平庸"周期的延展/王晋斌著.—北京:中国社会科学出版社,2019.8(2020.5重印)

(国家发展与战略丛书)

ISBN 978-7-5203-4805-8

Ⅰ.①大… Ⅱ.①王… Ⅲ.①经济全球化—研究 Ⅳ.①F114.41

中国版本图书馆 CIP 数据核字(2019)第 160368 号

出 版 人	赵剑英
责任编辑	黄 晗
责任校对	李 剑
责任印制	王 超

出　　版	中国社会科学出版社
社　　址	北京鼓楼西大街甲 158 号
邮　　编	100720
网　　址	http://www.csspw.cn
发 行 部	010-84083685
门 市 部	010-84029450
经　　销	新华书店及其他书店
印　　刷	北京明恒达印务有限公司
装　　订	廊坊市广阳区广增装订厂
版　　次	2019 年 8 月第 1 版
印　　次	2020 年 5 月第 2 次印刷
开　　本	710×1000　1/16
印　　张	12.75
插　　页	2
字　　数	132 千字
定　　价	59.00 元

凡购买中国社会科学出版社图书,如有质量问题请与本社营销中心联系调换
电话:010-84083683
版权所有　侵权必究

目　　录

内容摘要 …………………………………………………（1）

第一章　引言 ……………………………………………（1）

第二章　世界经济面临的"大冲突" ……………………（5）
　一　竞争的冲突,世界经济多极化的趋势使得美国
　　　在全球经济中的相对地位下降,引发了美国对
　　　中国发展方式的焦虑 …………………………………（6）
　二　发展方式和发展规则的冲突:美国打破了
　　　第二次世界大战以来自己主导发展起来的
　　　国际经济秩序 …………………………………………（24）

第三章　走向新的不平衡的"大调整" …………………（44）
　一　美国外部不平衡将持续,世界经济将在不平衡中
　　　继续前行 ………………………………………………（44）
　二　美国发起的贸易摩擦等逆全球化措施,割裂了
　　　现有的全球贸易体系 …………………………………（54）

三　出口导向经济发展方式存在一定的改变,发展
　　内部需求成为所有经济体面临的重要问题,
　　且外部调整都会带来一定的成本 …………………（58）

四　国际货币体系很难发生巨变,美元主导、欧元
　　追随的国际贸易和投资结算体系将持续相当
　　长的时间,但国际货币体系也在悄然发生
　　一些变化 ……………………………………………（65）

五　美国期望通过"去外国 FDI"和美国企业资金
　　回流来达到重振美国制造业和实现制造业
　　本地化的双重目的 …………………………………（75）

六　所有经济体都将面临公司所得税和关税的
　　内外"双税"竞争局面,降低税率成为各国
　　政府增加本国经济国际竞争力的时尚手段 ………（85）

**第四章　"大调整"背景下的世界经济面临的风险与
　　　　　不确定性** ………………………………………（96）

一　美国货币政策收紧的速度和力度是世界经济
　　面临的最大不确定性 ………………………………（98）

二　全球经济将面临金融周期的冲击,金融周期
　　成为世界经济动荡的核心影响因素之一 ………（124）

三　内部债务的增长使得全球经济面临普遍的债务
　　压力,去杠杆的过程无疑会加大经济增长的
　　不确定性 …………………………………………（133）

四　贸易摩擦将导致经济全球化的重塑，一个"破与立"的进程中，既有的全球分工的价值链会发生变化，全球增长极和贸易增长也会下滑……………………（142）

第五章　长期增长视角下的世界经济……………………（158）
　　一　发达经济体潜在GDP出现了下滑，是全球经济增速放缓的内生性原因之一……………………（158）
　　二　全球贸易局势的动荡将降低全球经济的长期增长动力……………………（169）

第六章　"大变局"及其思考……………………（173）
　　一　尽最大努力避免中美之间竞争关系的恶化……………………（174）
　　二　更大程度地拥抱经济全球化是大的发展中国家的理性选择……………………（176）
　　三　此轮经济全球化的重塑进程也是竞争模式全面重塑的过程，包含着明显的政治意识形态………（177）
　　四　美元体系很难发生巨变，美元体系的过度弹性依然是世界经济动荡的根源之一……………（179）
　　五　美国的经济政策，尤其是货币政策和对外政策成为世界经济不确定性的最大根源…………（180）
　　六　在"大平庸"周期延展的背景下，内外部平衡发展将成为全球经济发展的新模式……………（182）

七 在全球处于超级债务周期的时期,谁率先解决了过度的债务问题,谁就获得经济发展的稳健动力 …………………………………………… (183)

八 宏观调控要具有经济周期和金融周期"双周期"的思维方式 …………………………………………… (185)

九 未来一段时期大宗商品出口国或许会再次出现"资源诅咒"现象 …………………………………… (187)

附录 特朗普贸易摩擦时间表 ……………………………… (189)

附表一 太阳能电池板和洗衣机进口损害了美国工业 …………………………………………… (189)

附表二 钢铁和铝成为国家安全威胁 ………………………… (190)

附表三 技术、知识产权(IP)的不公平贸易行为 …… (192)

附表四 汽车威胁国家安全 ………………………………… (196)

内容摘要

"大摩擦"带来"大调整","大调整"带来"大变局"。"大摩擦"是逆全球化,"大调整"意味着经济全球化的重塑,其结果就是"大变局"。这种"大变局"并不是通过事先的人为制度设计好的,而是需要通过全球重要的经济体积极参与这种大变革,在分歧与合作的行动中逐步实现这个"大变局"。"俱乐部化"、"关税对等"、"技术贸易的稀缺"构成了"大变局"内生竞争性的三个主要特征。

美国发起的经济全球化重塑的本质是贸易和投资规则的政治化,世界经济存在被割裂成不同贸易和投资集团的风险。发展中国家(尤其是中国)实行更高和更大程度的对外开放是破解美国以"盟友"或者"血缘"关系圈定的以美国为首的利益集团的唯一方法。美国经济的强劲增长将加大特朗普政府"美国优先"的对外政策的底气,为了延长此轮美国经济景气周期的长度,延缓美联储加息成为特朗普政府宏观政策的要点。特朗普政府倾向于采取"工资上涨(有利于消费)+低油价(降低通胀)"的政策组合来减缓通胀压力。未来一段时间国际油价将处于中低位运行。

美联储加息速度和幅度的下降，意味着2019年新兴市场的境况要好于2018年。对外围国家来说，在美联储处于加息通道时，货币政策的作用将远不如财政政策的作用，"双税收"（企业税负和关税）竞争成为经济全球化的潮流，赤字经济成为"时尚"。

走经济的内外平衡发展道路是世界经济的大势所趋，但特朗普靠贸易摩擦不可能彻底解决美国经济的外部不平衡问题。美国限制和阻碍技术贸易，技术扩散的稀缺性在增加。

特朗普采取"先破后立"的策略来重塑经济全球化，将对世界贸易和投资者产生负面影响，世界贸易会继续处于较低增速阶段，"大平庸"周期会延展。

第一章 引言

2017年1月特朗普上台至今,其奉行的"美国优先"理念在美国对外政策上表现出来的霸权主义行为愈演愈烈,在2018年爆发了大规模的全球贸易摩擦。特朗普以美国外部经济不平衡为借口,完全不顾美元体系外部不平衡的内生性和美国国内储蓄不足的客观事实,以逆差就等于吃亏的非经济学逻辑,悍然对美国主要贸易顺差国发起了严重的贸易摩擦。

2018年的贸易摩擦具有广泛性。美国与欧洲、中国、日本、加拿大、墨西哥等国家都发生了贸易摩擦,这些国家和区域的经济总量占全球GDP的近70%。这一场贸易摩擦的规模在历史上也是空前的,是一场广泛的全球贸易摩擦,也是大摩擦。

2018年的贸易摩擦具有长期性和艰巨性。特朗普发起贸易摩擦非经济学逻辑的背后,揭示了特朗普及美国整个社会对世界经济多极化发展趋势的担忧,尤其是对中国快速发展与成长的焦虑。美国希望通过贸易摩擦来实现美国的"再次强大",通过贸易摩擦来遏制竞争对手中国,提高自己在全球经济中的相对地位,这是一场具有长期性和艰巨性的贸易摩擦。

2018年的贸易摩擦充满了地缘政治性。美国对俄罗斯的经济制裁、美国对伊朗的经济制裁、美国国务院宣布对中国中央军委装备发展部及该部负责人实施制裁等举措[1],使得贸易摩擦这样一个经济问题和非经济问题相互交织。贸易摩擦一旦和地缘政治联系在一起,贸易摩擦的形式和内容将更加复杂化,并充满了更多的不确定性及风险。

聚焦美国以不平衡为借口发起的中美贸易摩擦,或许只是中美经贸摩擦的起始点,因为贸易摩擦无法解决中美之间的外部不平衡,反而会加大这种不平衡。[2] 因此,美国的贸易摩擦背后的真实含义是中美之间的经济竞争,尤其是技术竞争,这将是一个长期的过程。正如基辛格所说:中美关系再也回不到从前。技术竞争将是一场残酷的持久战,中兴事件、华为事件和福建晋华事件充分说明了这一点。从这个意义上说,美国以不平衡为借口发

---

[1] 自2011年起,截至2018年9月,美国对俄罗斯的制裁数量达60次。资料来源:http://news.sina.com.cn/o/2018-09-22/doc-ifxeuwwr7111017.shtml。美国对伊朗史上最严厉的制裁从2018年8月7日起生效,美国要求其他国家在11月4日之前剥离与伊朗的经济贸易,尤其是石油关系。2018年9月20日,美国国务院宣布对中国中央军委装备发展部及该部负责人实施制裁,理由是中国进口了俄罗斯的军事装备。

[2] Jeffrey J. Schott (PIIE) and Zhiyao (Lucy) Lu (PIIE), "US Trade Deficit with China Keeps Growing, Even with Tariffs", *Peterson Institute of International Economics*, PIIE CHART, 2018.

第一章 引言

起的中美贸易摩擦的性质和范围正在发生变化：贸易摩擦是表面现象，深层次的原因在于美国要利用贸易摩擦，并利用自己的同盟国关系来妨碍中国快速的技术进步。发达经济体主动发起贸易摩擦是为了维持其技术的先进性和垄断性，阻止南北技术差距的缩小。

从经济全球化历史进程来看，20世纪80年代中后期经济全球化的兴起[①]、技术的进步等因素使得国际贸易和投资成为全球经济增长的重要动力。特朗普上台后，以经济民族主义和重商主义的思维和行动试图逆转原有的经济全球化趋势，并希望通过经济全球化的重塑，来实现有利于美国利益的经济"新全球化"——突出"美国优先"。特朗普主动对造成美国贸易逆差的主要国家和区域发起大规模贸易摩擦，他在下一盘大棋，更确切地说，特朗普是在赌一盘大棋，世界经济中重要的经济体都被迫成为棋手。这盘大棋早已进入布局阶段的博弈，每一位棋手都面临着下一步的慎重而艰难的选择。

这种慎重而艰难的选择折射出了2018年贸易摩擦的广泛性、长期性、艰巨性以及地缘政治性。本质上，2018年美国发起的贸易摩擦的背后是全球发展方式的冲突、发展规则的冲突和经济增长极之间相互竞争的冲突，现有的经济全球化规则将面临重

---

① "经济全球化"这个词最早是由莱维在1985年提出的。国际货币基金组织（IMF）认为："经济全球化是指跨国商品与服务贸易及资本流动规模和形式的增加，以及技术的广泛迅速传播使世界各国经济相互之间的依赖性增强。"

构，全球政治经济格局面临几十年以来最深刻的变革，贸易摩擦及冲突已经成为未来全球经济增长最大的不确定性，也将必然带来次贷危机以来"大平庸"周期①的延展。

---

① "大平庸"周期是次贷危机后，针对全球贸易增速下滑的速度显著大于GDP增速下滑的现象提出的一种理论。换言之，以全球贸易增速/全球GDP增速为指标来衡量，这一指标显著下降。从经济史角度看，这一概念是与"大缓和"周期（2008年次贷危机前大约20年）全球贸易增速显著高于GDP增速而言的。"大缓和"时期全球贸易成为经济增长的重要动力。

第二章　世界经济面临的"大冲突"

2018年美国以对外不平衡为借口，发起了大规模的贸易摩擦。尤其是针对中美贸易不平衡，对中国高达2000多亿美元的出口商品征收关税，并在2019年3月起决定是否对另外的2000多亿美元的出口商品加征关税。同时，对外国，尤其是中国在美国的投资实施严格限制。中国和美国作为全球第二大和第一大经济体，这种贸易摩擦背后是美国对中国发展的担忧，是对世界经济多极化导致美国在全球经济中的相对影响力下降的担忧。2001年中国加入WTO，严格履行WTO规则，在全球化过程中取得了快速的发展，为世界经济增长和发展做出了巨大贡献。但美国以"美国优先"的思维方式，破坏现有的全球贸易和投资多边体制，使世界经济在多边竞争和合作中出现了大裂变。

◇一 竞争的冲突，世界经济多极化的趋势使得美国在全球经济中的相对地位下降，引发了美国对中国发展方式的焦虑

（一）经济总量的竞争：从长期看，美国经济在全球和发达经济体中的占比是下降的，而中国经济总量在全球经济占比快速稳步提高

1985年美国GDP占全球和发达经济体GDP的比重分别为34.9%和44.5%，到2008年次贷危机爆发时，两者分别下降至23.1%和33.5%。美国经济在全球的影响力直线下降。自2009年1月奥巴马以"改变"的竞选口号就任美国总统后，2017年美国GDP占全球和发达经济体GDP的比重分别为24.3%和40.2%，与1985年相比，美国在全球经济和发达经济体中的占比下降了大约10个和11个百分点，美国经济在全球和发达经济体中的影响力在下降。但相对于2008年，2017年美国经济在全球和发达经济体中的占比都是上升的（图2-1）。与此同时，中国经济在全球经济中的占比由1985年美日"广场协议"时的2.5%上升到2008年次贷危机时期的7.2%，到2017年中国经济在全球经济中的占比达到15%，

比美国低9.3个百分点，大约是美国经济总量的62%。而中国在2001年加入WTO时，中国经济总量只有美国经济总量的13.6%。2001—2017年，中美经济总量差距在快速缩小。依据IMF（2018）预测的数据，2023年中国经济总量将达到美国经济总量的约88%，并将在2030年左右超越美国经济总量，成为世界第一大经济体（图2-1）。

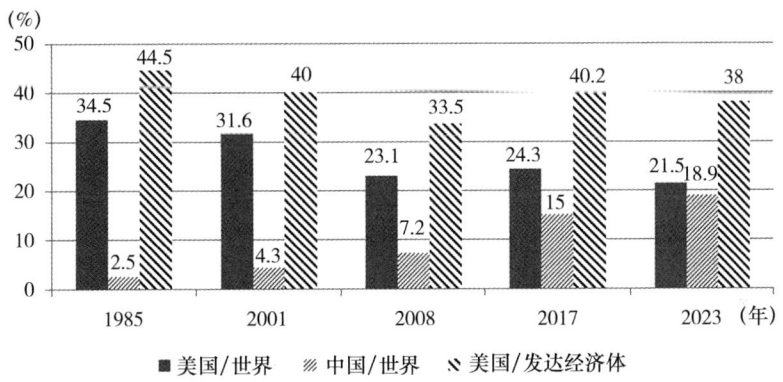

图2-1 美国GDP在全球和发达经济体中的占比与中国GDP在全球的占比

资料来源：笔者依据IMF，WEO（2018）数据库的数据计算。

中国经济总量与美国经济总量之间差距的快速缩小，带来了全球经济多极化的深度发展，意味着世界朝更加平衡的方向发展，引发了美国人对世界经济秩序变化的深度焦虑。2017年1月特朗普打着"让美国再次强大"的竞选口号上台后，以"美国优先"的对外政策发动了大规模的贸易摩擦，根本目的就是要进一步提高美国在全球经济中的影响力，减缓中国追赶美国经济总量的步伐。

从世界经济多极化角度来看，新兴经济体在过去十年间取得了长足的进步。按照IMF（2019）的数据，1980年新兴市场和发展中国家经济总量只有发达国家的31.8%，到1993年时下降到22.0%。此后有所上升，到2007年时新兴市场和发展中国家经济总量占发达国家的大约40%，到次贷危机爆发和反危机开始的2009年，这一比例上升到45.7%。也就是说，1980年以来的30年，新兴市场和发展中国家的经济总量占发达经济体的经济总量上涨了大约14个百分点。但2009—2018年，新兴市场和发展中国家的经济总量占发达经济体的比例上升到65.3%，十年时间上涨了近20个百分点。这表明全球经济多极化在过去十年发生了巨变，新兴市场和发展中国家在全球经济总量中的地位得到了显著提高。

进一步从世界经济三大增长极的情况来看，北美（美国、墨西哥和加拿大）、欧洲（EU28）和东亚（中国、日本和韩国）1980年在全球经济的占比分别为30.2%、34.2%和13.3%，三者占全球经济总量的77.7%，世界经济的重心在欧洲和北美，两者占据了世界经济总量的64.4%。到了2001年，欧洲（EU28）经济总量下降至26.8%，北美经济总量上升到约36%，而东亚经济总量上升到18.4%，世界经济的重心依然在欧洲和北美，两者占据了世界经济总量的62.8%，东亚仍然处于配角的位置。

2001年中国加入WTO后经济快速增长，在很大程度上改变了传统的三大经济增长极的格局。到2018年欧洲（EU28）经济总量下降至22.1%，北美经济总量也下降到约27.6%，而东亚进一步上升到23.8%。三大经济增长极占据了世界经济总量的73.6%。

从三大经济增长极的总量来看，与1980年相比，2018年三大经济增长极在全球经济总量中的份额只下降了4个百分点。换言之，除了三大增长极以外的经济体在近40年中占世界经济总量的份额只增加了4个百分点，而东亚在过去近40年中占世界经济总量的份额增加了10.5个百分点。正是由于东亚，尤其是中国经济的快速增长，使得东亚从传统三大增长极中的配角位置变为主角之一：三大增长极从不平衡走向了相对平衡，使得亚洲和欧洲、美洲一样占据了世界经济总量的约1/4，世界经济的多极化进入了实质性阶段。

（二）经济贡献率的竞争：从贡献率来看，美国经济对全球经济的总体贡献率是下降的，中国成为全球经济贡献率最高的发展中国家

1945年美国经济在全球的影响力达到顶峰。GDP大约占全球GDP的50%，拥有世界70%的黄金储备，而且布雷顿森林体系确认了美元国际货币体系；在美国主导下成立了世界银行（WB）、国际货币基金组织（IMF）、关税和贸易总协定（GATT，现存WTO体系的前身），美国主导了国际贸易、金融和投资秩序的构建。随后美国经济在全球经济中所占的份额呈现出缓慢的下降趋势。自20世纪90年代以来,美国在全球经济中的贡献率总体波动,但呈下降的趋势。2013—2014年中国对全球经济的贡献率接近48%,美国大约占31%。到2017年中美两国对全球经济的贡献率接近,中国经济高出美国经济大约0.6个百分点(图2-2)。根据IMF(2018)的数据,2018年中国经济对全球新增GDP的贡献率达到27.2%,而美国经济的贡献率为13.4%。

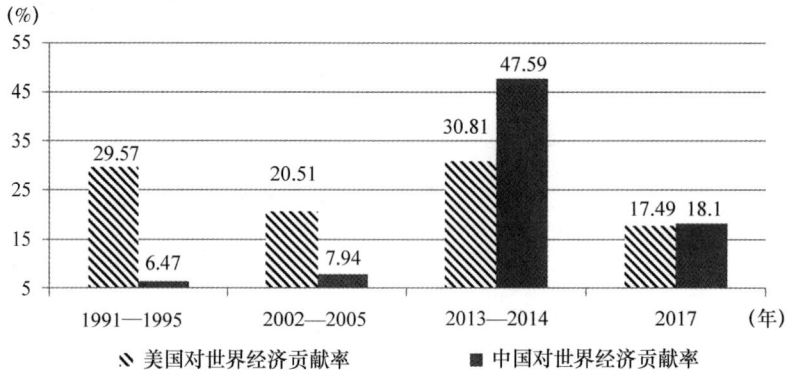

图2-2 美国和中国在全球经济中的贡献率

注:贡献率以美国和中国当年新增GDP占全球新增GDP的比例表示;时间阶段表示的是简单均值。

资料来源:笔者依据IMF,WEO(2018)数据库的数据计算。

随着中国经济对世界经济贡献率的提升,中国经济对全球的影响力也呈现了多渠道效应。IMF的一项研究表明[1],从短中期

---

[1] 维伟克·阿罗拉、阿塔纳西奥斯·范瓦基迪斯:《中国的经济增长:国际溢出效应》,IMF工作论文,2010年第165期。

来看，中国 GDP 每增长 1 个百分点，3 年后其他国家的 GDP 就会增长 0.2 个百分点，5 年后增长 0.4 个百分点。这种影响最初体现在贸易渠道上，但随着时间的推移，非贸易渠道的影响开始增长。在 5 年期间，中国经济增长对其他国家 GDP 的影响大约 60% 来自贸易渠道，其余 40% 是通过其他非贸易渠道。这些非贸易渠道包括资本流动、旅游、商务出行、消费者信心和工商业信心等。同时，随着中国经济总量的加大，中国金融市场对外部的溢出效应也在不断增加。IMF（2016）在《世界经济形势展望》中就指出，由于中国已经成为世界上第二大经济体，金融市场对全球市场的溢出效应显著增加，尤其是汇率政策对外部的溢出效应尤为显著。[1]

（三）经济增速的竞争：对美国主要顺差国的增长率大多数好于美国经济增长率，尤其是 2017 年美国经济增速比其他顺差国经济增速改善的幅度要小

2017 年至今，特朗普对造成美国贸易逆差的主要国家或地区主动发起了贸易摩擦。只要是对美国有大顺差的国家都成为美国发起贸易摩擦的对象。这些国家包括中国、德国（欧盟）、墨西哥、日本和加拿大。表 2-1 给出了自 2007 年以来美国逆差主要来源国和排名前三的双边贸易顺差国的顺差占美国逆差的比例。可以看出，中国对美国的双边贸易顺差一直占据美国逆差总

---

[1] IMF, World Economic Outlook, "Too Slow for Too Long", April, 2016.

量很高的比例，2007—2017年平均比例高达52.6%，在2015年这一比例高达63%。这说明美国贸易逆差的一半多一点来自中国。中美之间的双边贸易确实是不平衡的，但不平衡的原因极其复杂。此外，德国、墨西哥和日本也是美国贸易逆差的重要来源国，加拿大只是在2008年成为美国贸易逆差来源的第三大经济体。

表2-1　　　美国前三大逆差国的顺差占美国逆差的比例　　　单位:%

2007年	2008年	2009年	2010年	2011年	2012年	2013年	2014年	2015年	2016年	2017年
中国(37.3)	中国(38.1)	中国(55.5)	中国(51.5)	中国(49.7)	中国(52.9)	中国(60.6)	中国(61.3)	中国(63.0)	中国(58.1)	中国(45.9)
日本(10.0)	日本(8.5)	墨西哥(9.6)	墨西哥(9.6)	墨西哥(9.3)	德国(11.4)	德国(14.5)	德国(15.0)	德国(14.2)	德国(12.4)	墨西哥(8.6)
墨西哥(9.1)	加拿大(8.0)	德国(8.2)	日本(8.4)	德国(9.2)	日本(10.4)	日本(12.0)	日本(10.3)	日本(10.3)	墨西哥(10.6)	日本(8.4)

注：括号中为贸易伙伴国家双边贸易盈余占美国贸易赤字的比例。每年每个报告国的上述比例排名前三的贸易伙伴。

资料来源：UNComtrade数据库。

那么这些和美国有贸易顺差的主要经济体的经济增速如何？图2-3的数据显示，自次贷危机爆发至今，除中国和墨西哥外，2017年这些国家的经济增速和2007—2017年的年均增速都有比较好的恢复。加拿大、德国、日本2017年经济增速比2007—2017年的经济增长均速分别提高1.3个、1.1个和1.1个百分点，相比之下，美国经济提高了0.9个百分点。中国经济增速下降了 1.9 个百分点，但 2017 年仍保持在 6.9% 的增长速度，刚好是同年美国经济增速的 3 倍。按照国家统计局最新公布的数据，2018 年中国经济增长速度也达到 6.8%，增速依然是美国的 2 倍多。

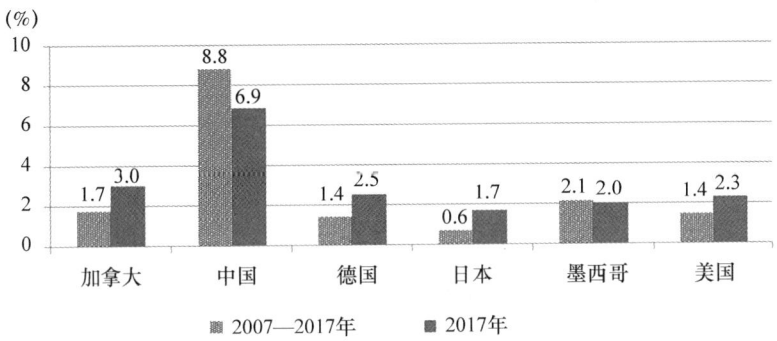

图 2-3　美国和对美国主要顺差国的经济增速（2007—2017 年为年均增速）

资料来源：IMF，WEO（2018）。

（四）技术进步的竞争：中国快速的技术赶超引发了美国人的焦虑

发达国家和发展中国家之间重要的区别是技术的差异。发展中国家要提高技术可以通过多种途径：自身研发、技术转让、进口带有技术含量的资本品以及通过"干中学"机制来积累技术。但一个国家根本的技术进步，尤其是核心技术只能靠自身研发来获得。因此，研发费用强度（R&D/GDP）就成为技术竞争的重要指标。截至 2016 年年底的数据，在大的经济体中，研发费用强度最高的是日本，研发费用占 GDP 的 3.1%。美国为 2.7%，

OECD 的平均比例为 2.3%，中国为 2.1%，EU28 为 1.9%（图 2-4）。考虑到美国 2016 年的经济总量是日本经济总量的 3.76 倍，是中国经济总量的 1.66 倍，① 因此，美国的研发总费用遥遥领先于其他国家。

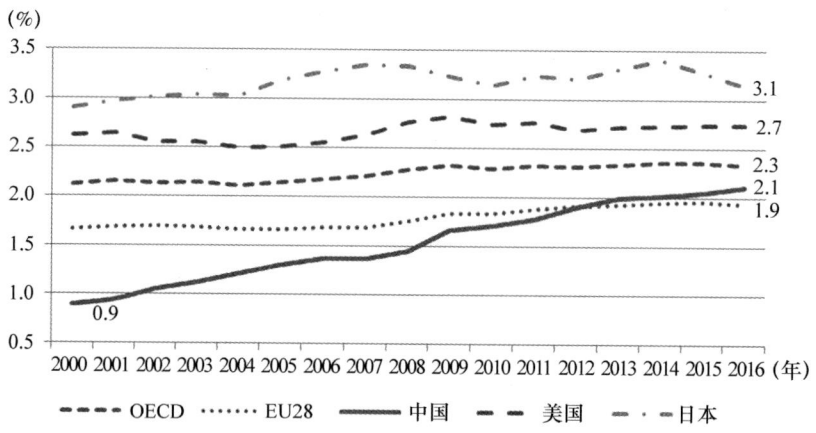

图 2-4　主要经济体研发强度（R&D/GDP）的变化

资料来源：OECD, Gross domestic spending on R&D, Data。

从跨国专利注册来看，中国与美国、日本及 OECD 国家相比存在巨大的差距。2015 年中国的三方同族专利不足美国和日本的 1/3，只有 OECD 国家的不足 6%（图 2-5）。

但如果我们依据 WIPO（全球知识产权组织）数据库提供的数据，2010 年以来，中国和美国则是全球两个申请专利数量最多的国家。2008 年中国和美国专利申请数量占全球专利申请数量的比例分别为 15.02% 和 23.65%。2011 年这一指标中国首次

---

① 经济总量来自 IMF, WEO（2018），以美元当前价格计算。

第二章 世界经济面临的"大冲突" 15

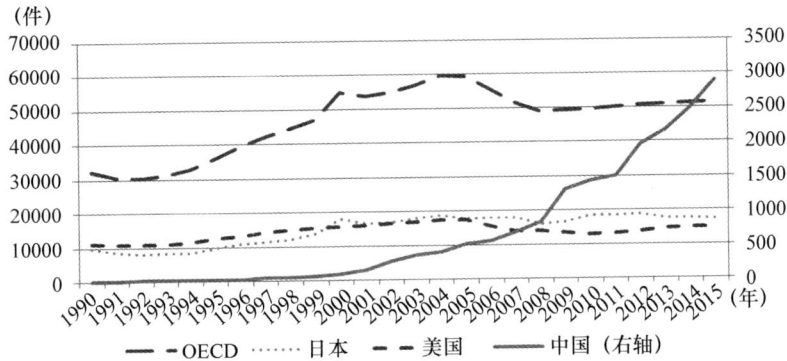

图2-5 重要经济体三方同族专利（Triadic patent families）的变化

注：三方同族专利是指来自欧洲专利局（EPO）、日本专利局（JPO）和美国专利与商标局（USPTO）保护同一发明的一组专利。

资料来源：OECD（2018）。

超过美国，此后差距不断扩大，到2016年中国和美国的占比分别为42.79%和19.36%，两者相差23个多百分点（图2-6）。

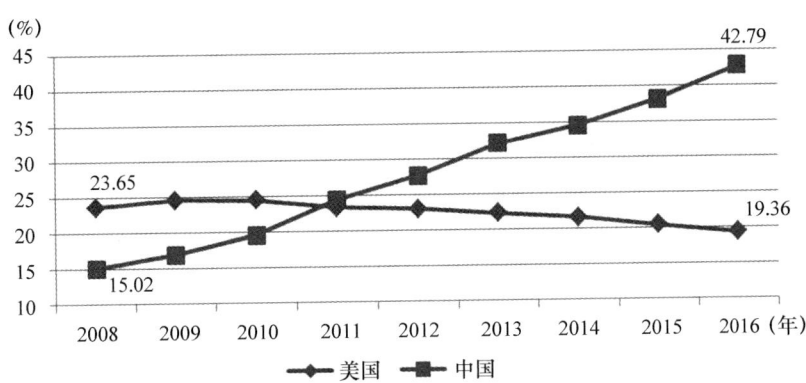

图2-6 中国和美国专利申请数量占全球专利申请数量的比例（2008—2016）

资料来源：WIPO，Statistics database. Last updated：May 2018。

2014年中国专利授权数量首次超过日本，和美国一起成为全球专利授权数量最多的两个国家。2008年中国和美国专利授权数量占全球专利授权数量的比例分别为11.98%和20.17%，2015年这一指标中国首次超过美国，2016年中国和美国的占比分别为29.91%和22.42%，两者相差7个多百分点（图2-7）。

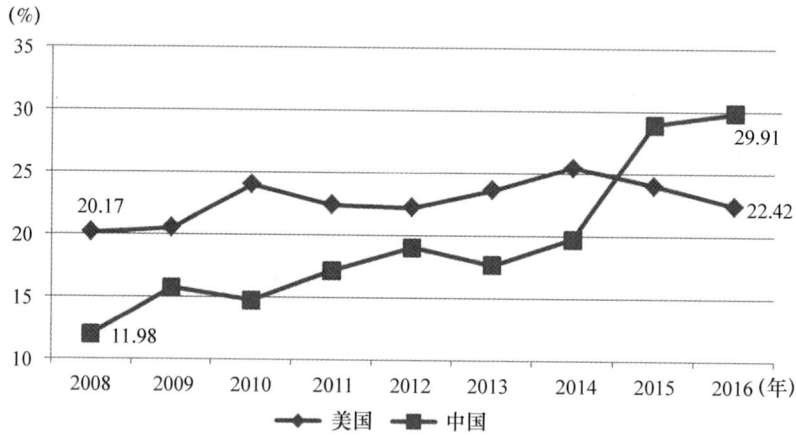

图2-7 中国和美国专利授权数量占全球专利授权数量的比例（2008—2016）

资料来源：WIPO, Statistics database. Last updated: May 2018。

中国专利申请数量远高于美国，但专利授权数量差异并没有那么大，反映了中国的专利授权/专利申请比例比较低（图2-8）。在大经济体中，日本的专利授权/专利申请比例是最高的，在2013年达到84.4%，这说明了日本研发的高效率。

如果从中美技术专利授权的对比来看，美国在电信通信、数字通信、计算机技术、IT管理方法、半导体上一直领先于中国。

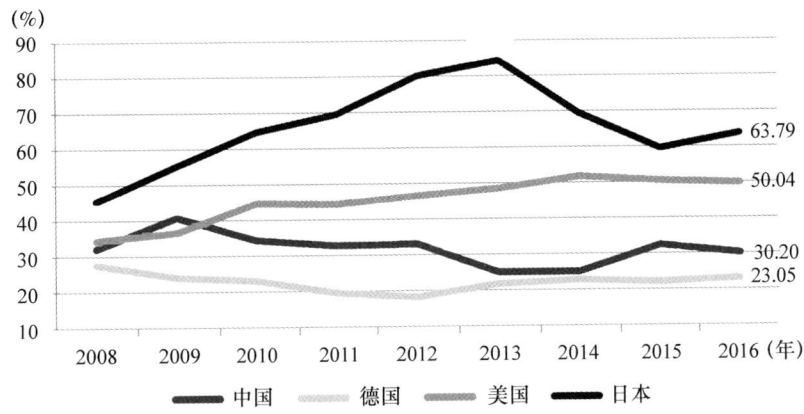

图2-8 中、美、日、德专利授权数量/专利申请数量（2008—2016）

资料来源：WIPO, Statistics database. Last updated：May 2018。

在电信通信上，2016年美国获得的专利授权数量比中国多4302个；在IT管理方法上比中国多1800个。在计算机技术、半导体和数字通信上，中国和美国的差距是非常明显的。2016年美国在计算机技术上的专利授权数量比中国多21045个，而且相比2008年这一差距是扩大的；2016年在半导体上美国专利授权的数量比中国多5015个，相对于2008年这一差距也是扩大的；2016年在数字通信上美国专利授权的数量比中国多7153个，这一差距相比2008年也是扩大的。

2012年中国在电子仪器设备和能源上首次实现了反超，2016年中国在该领域技术授权专利的数量超过美国12454个；生物技术也在2012年实现反超，2016年中国在生物技术上授权的专利数量比美国多782个；医药领域在样本期内中国获得专利授权的数量一直是超过美国的，2016年超过美国2711个；化学工程领域的技术授权专利中国在2009年首次反超，到了2016年中国该领域技术授权专利的数量比美国多8042个（图2-9）。

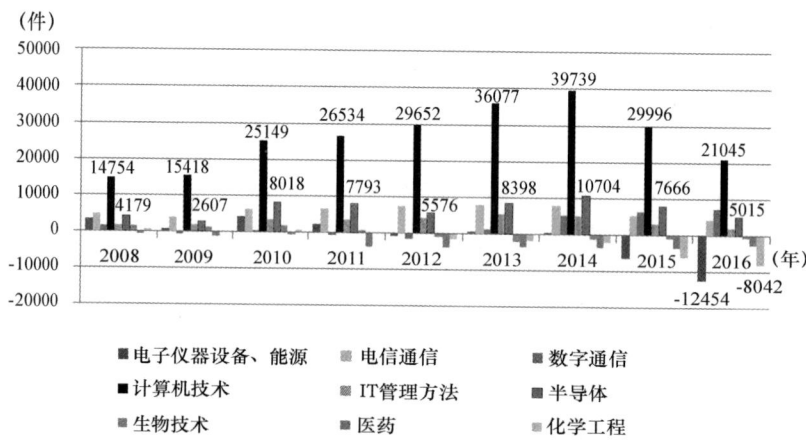

图2-9 中美技术专利授权的对照分析（美国授权专利数量减去中国授权的专利数量，2008—2016）

资料来源：WIPO, Statistics database. Last updated: May 2018。

（五）国际市场份额的竞争："中国造"（Made in China）给了美国很大的压力

从人口规模及成本带来的国际分工格局来看，中国本就应该成为世界制造业大国。中国对全球贸易的贡献率在中国加入WTO后取得了快速的发展。由于国际市场规模的有限性，如果从国际市场进出口份额来看，中美之间的竞争格局更加明显。图2-10显示了中国和美国在国际市场上阶段性货物出口额之比。1992—1995年中国的货物出口额只有美国的22.2%，2000—

第二章 世界经济面临的"大冲突" 19

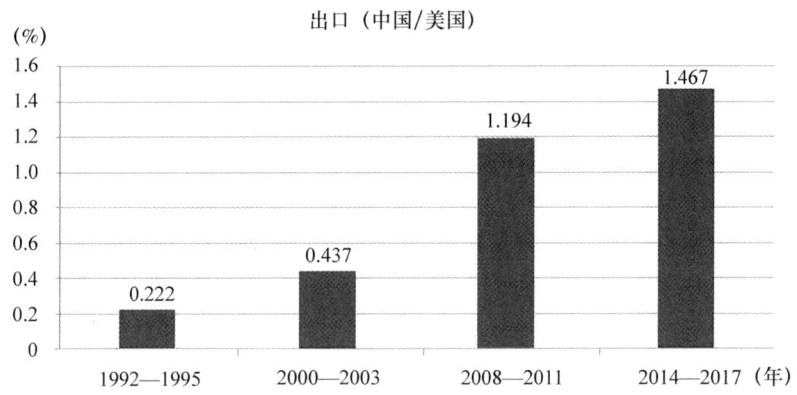

图2-10 中美在国际市场上货物出口额的比例变化（1992—2017）

资料来源：UN Comtrade Database，2018。

2003年也只有美国的43.7%；次贷危机爆发后的2008—2011年中国在国际市场上货物出口额超过美国，大约是美国货物出口额的1.2倍，到了2014—2017年这一比例上升为1.47。目前中国已经成为全球第一大出口国。

从中美两国出口和进口在国际市场上份额占比的变化来看，中美之间的竞争格局在最近十年凸显。图2-11显示，1960—1980年中国在全球出口市场上年均占比只有0.83%，而同期美国出口占世界出口的约15%；到了1991—2000年，中国出口在全球市场占比也只有2.18%，同期美国为13.32%。加入WTO后的十年，2001—2010年中国出口占全球出口市场份额的6.16%，同期美国为10.61%，中国只有美国的60%；2011—2017年中国出口占全球市场份额超过美国，达到10.13%，同期美国为9.98%。从趋势来看，进入WTO后，中国利用比较优

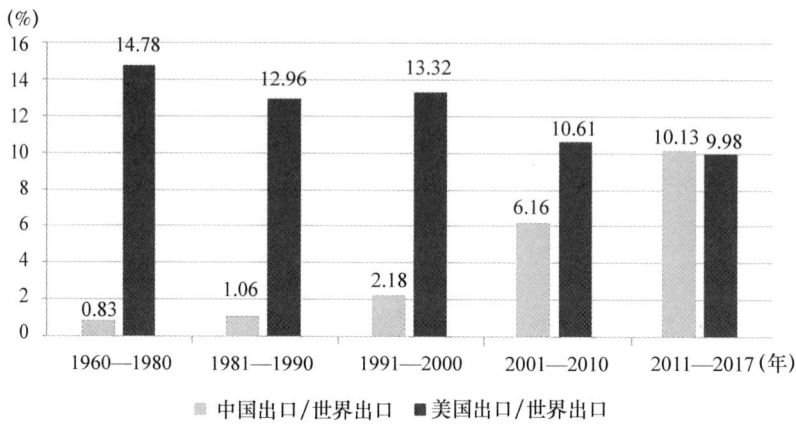

图 2-11　中国和美国在世界市场上出口（商品和服务）份额的变化

资料来源：World Bank, World Development Indicators, 2019/1/30。

势，参与全球分工，在国际市场上的份额取得了爆发式增长，成为世界上最大的出口国，并在2013年首次超过美国。

从进口来看，图2-12显示，1960—1980年中国在全球进口市场上年均占比只有0.75%，而同期美国进口占世界进口的约14%；到了1991—2000年中国进口在全球进口市场上占比也只有1.93%，同期美国为15.5%。加入WTO后的十年，2001—2010年中国进口占全球进口市场份额的5.24%，同期美国为15.31%，中国只有美国的34.2%；2011—2017年中国进口占全球进口市场份额达到9.3%，同期美国为12.69%，中国进口市场与美国只相差3个多百分点，成为世界上第二大进口国。换言之，中国已经成为全球经济体需要重点关注的全球第二的外部国家大市场。

进一步从制造业出口规模，尤其是从高技术出口规模来看，

第二章 世界经济面临的"大冲突"

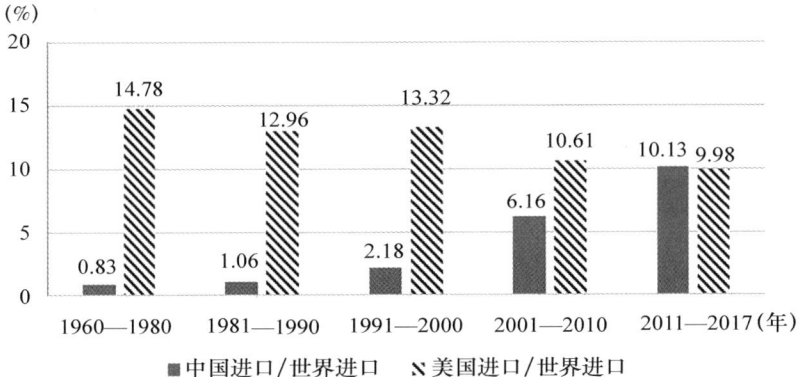

图2-12 中国和美国在世界市场上进口（商品和服务）份额的变化

资料来源：World Bank, World Development Indicators, 2019/1/30。

中国的出口额在2017年已经是美国的4.6倍。在加入WTO的2001年，中国高技术出口额是美国的28.09%，而在1992年只有美国的4.11%（图2-13）。

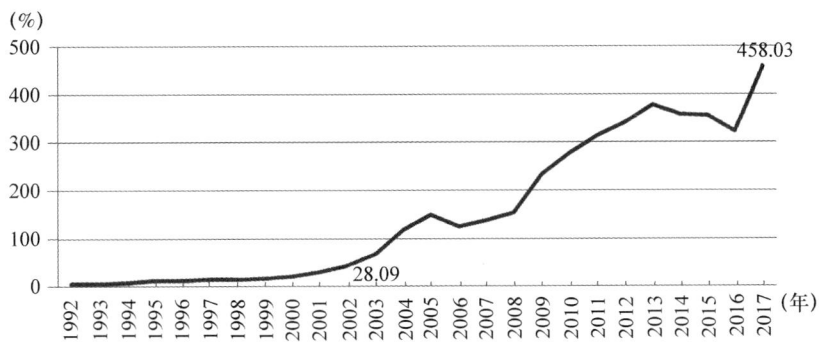

图2-13 中国高技术出口额/美国高技术出口额比例的变化

资料来源：World Bank, World Development Indicators, 2019/1/30。

从整个制造业出口结构本身来看，图2-14中国高技术制造业出口占制造业的比例在 2005 年达到高点,约为 31%,此后有所下降,但基本维持在 25% 左右。美国高技术出口占制造业的比例在 1999 年达到高点,约为 34.3%,此后呈现明显的下降趋势。2017 年中国高技术出口占制造业出口的比例为 23.81%,这一比例大大超过同期美国的 13.82%;而在中国加入 WTO 的 2001 年,中国高技术出口占制造业的比例不到 20%,美国的这一比例为 32.56%。因此,不论是从高技术出口总量,还是高技术出口占制造业出口比例来看,中国已经成为全球最大的出口国,也是全球最大规模的制造业高技术出口国。

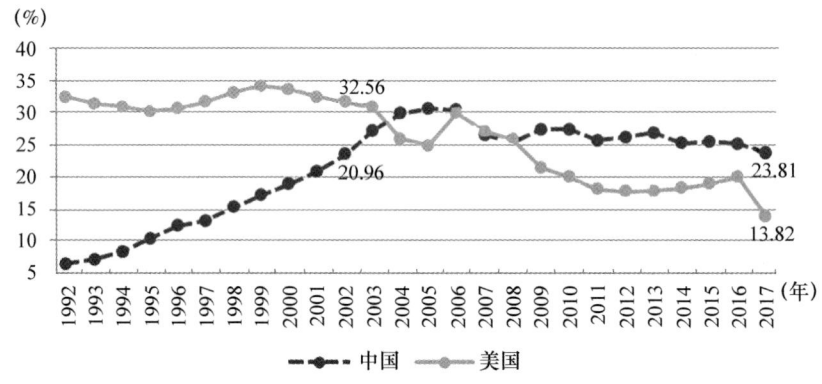

图 2-14　中国和美国高技术出口占制造业出口比例的变化

资料来源:World Bank, World Development Indicators, 2019/1/30。

大量的出口使得中国成为全球最大的顺差国,大量的顺差使中国成为国际资本的重要供给者,同时也是国际资本重要的吸收者。从吸引 FDI 和 ODI 来看,历年的波动性较大。图 2-15 显示 2005 年中国/美国的 FDI 和 ODI 的比例分别为 69.1% 和 79.8%。

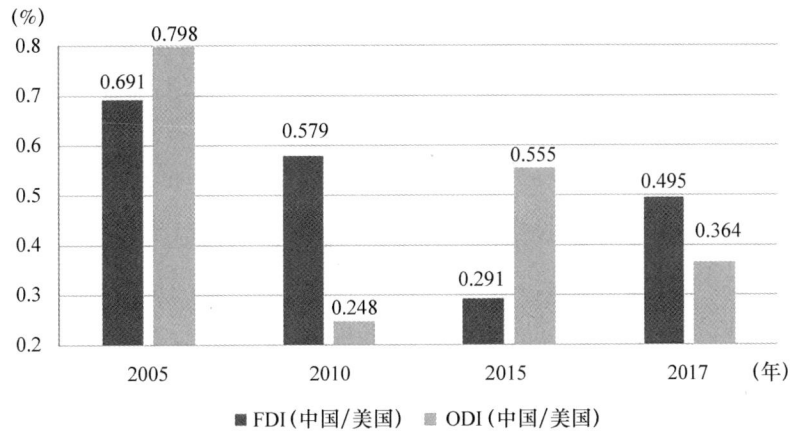

图2-15 中美在吸收FDI和对外直接投资（ODI）上比例的变化

资料来源：UNCTAD，2019。

依据联合国贸发会议数据，2014年中国获海外投资额约达1276亿美元，较2013年的1239亿美元增加37亿美元。而美国2014年所获的海外投资，则从2013年的2308亿美元减少到860亿美元，2014年中国成为全球吸收海外投资最多的国家。但随后美国在FDI和ODI上超越中国，2017年中国的FDI和ODI分别为美国的49.5%和36.4%。中国已经成为全球重要的资本吸收国（FDI）和重要的长期资本输出国（ODI），成为站在世界经济舞台中央的舞者之一。

因此，从经济总量、经济贡献率、经济增速、技术进步和国际市场竞争五个方面来看，随着世界经济多极化的深入，中国与美国之间的经济竞争格局已经形成，竞争或将成为未来两国关系的主旋律。

二 发展方式和发展规则的冲突：美国打破了第二次世界大战以来自己主导发展起来的国际经济秩序

中国通过加入WTO而深度融入国际分工体系，经济发展取得了举世瞩目的成就。截至2017年年底，中国GDP总量已经达到美国的约62%，成为世界第一大出口国。而2018年中国经济总量将达到美国经济总量的65%。从历史上看，1992年中国经济总量只有美国经济总量的7.6%，2001年加入WTO时也只有美国经济总量的12.7%，2008年次贷危机爆发时为美国的31.3%。中国经济的快速增长使得中美经济总量差距快速缩小，即使是走和平崛起之路，还是引发了美国的焦虑。美国自奥巴马时期就想通过TPP等一系列国际贸易措施，来限制中国的发展。到了特朗普上台，就发起了全球性的、大规模的贸易摩擦，从贸易摩擦的进展来看，主要是针对中国。

2018年的中美贸易摩擦揭示出美国要通过改变全球贸易和投资规则来抑制中国经济的中高速增长。特朗普政府以关税为基本武器发起贸易冲突的种种指责体现出更深层次的是对中国发展方式的不满。美国通过贸易摩擦，以商业关系的改变来重塑世界经济贸易投资格局，将波及全球经济增长和金融市场风险。

（一）以单一、机械的标准来定义市场经济，不承认中国市场经济地位

什么是市场经济？西方经济学家也有不同的认识。以哈耶克和凯恩斯为代表的经济学家对什么是市场经济以及其有效运行的争议至今依然存在。关于市场经济配置资源方式的本质是政府行为的约定和界限。那种追求自由市场经济的经济学家，认为政府只能扮演"守夜人"的角色；到了科斯定理的出现，外部性问题也可以通过市场交易加以解决，政府在公共品领域发挥作用的空间进一步收窄。尽管如此，现实世界中各国都存在政府以及政府干预经济的行为，因为只要有国家税收及其税收调节，只要有公共支出及其支出结构性的变化，都会对市场产生重大影响。因此，难以用单一标准来刻画市场经济。换言之，不可能存在一种普遍的、按照机械标准来划分的市场经济（表2-2）。

表2-2　　美国商务部确认是否是市场经济需要考虑的因素

考虑因素	法律语言的解释
货币	一国货币能否兑换成其他国家货币的自由程度
工资	工资在雇员和管理层之间自由讨价还价形成的程度
国外直接投资	以合资或者其他形式的直接投资在该国的允许程度
其他投入	生产手段的政府所有权或者控制程度
价格控制和产出	资源、企业产品的价格和产出中政府控制的程度
其他事项	其他因素，例如管理当局认为合适的政策

资料来源：转载自 Chad P. Bown, 2016, Should the United States Recognize China as a Market Economy? Peterson Institute of International Economics, Policy Brief, 2016 - 34。

上述六项标准是美国在判定其他国家市场经济地位时的标准，带有强烈的主观性。在前五项标准中都有"程度"一词，问题是何种程度才是？这就带有很强的主观判断标准。

此外，针对国内某一行业是否是市场导向的行业（MOI），美国有专门的三条标准[①]：（1）政府不能干预被调查商品的定价或产量；（2）被调查商品所属的行业应以私人企业或集体所有制企业为主，该行业可以有国有企业，但国有企业的大量存在将很不利于市场经济地位的判定；（3）所有主要的投入，不论是实物或非实物（例如劳动力、企业管理费用）以及总投入中占重要比例的那部分投入，应该是按照市场价格支付的。这些标准直接针对了中国国有经济发展过程中存在的一些问题，从而认为中国发展方式不是市场经济的发展方式，达到利用规则来排斥中国企业参与国际化发展的目的。因此，市场经济成为一种在国际贸易和投资过程中的身份认证，这种带有强烈主观标准的做法，无疑使得国际市场贸易和投资带有强烈的地缘政治色彩。而且整个西方社会对中国发展的警觉已经达到了前所未有的高度，即使是一家网络娱乐公司（TikTok，称为"抖音"，Tiktok是一个分享短视频的应用程序），也会引起西方对用户信息泄露风险的担忧。[②]

[①] 经贸博览之七：市场经济地位—商贸英语。https：//www.51test.net/show/333757_2.html。

[②] Claudia Biancotti（PIIE），"The Growing Popularity of Chinese Social Media Outside China Poses New Risks in the West", This blog post was updated on February 1, 2019.

这种"市场经济"的定义，本质上是要提出西方所谓的"市场经济联盟"，来打压中国的市场经济发展。这种市场经济联盟将提出三个基本要求①。第一，中国政府必须致力于打击自己资助的网络间谍活动和窃取商业秘密。第二，中国政府还需要摆脱传统的强迫西方公司与国内公司建立合资企业的制度，因为这造成了外国公司被迫以非商业条件转让技术的紧张状态。第三，中国将不得不削减其工业补贴和用于支撑国有企业的超额信贷。这些主观猜测的或者莫须有的条件，都会成为西方利用自己定义的"市场经济联盟"来打压中国发展的借口，本质上就是阻碍中国的继续发展。

（二）双边贸易协定已经在一定程度上替代了多边协议，WTO的正常运作已经被打乱，其运行面临很大的困难

全球贸易治理制度的构建是美国主导的，无处不体现美国的国际战略意图。有学者认为美国遵循的是一种"自我利益的多边主义"（Self-interested Multilateralism）政策，美国只是将多边框架作为实现其特定国家利益的手段。有学者认为美国采取的是一种"功利性多边主义"（Utilitarian Multilateralism）立场，即美国将自己视为重要的行为体，不愿意向其他国家做出妥协，特别是当它认为其国家利益受到威胁的时候。以上评价客观反映了美

---

① Chad P. Bown (PIIE), "Why the US Needs Allies in a Trade War Against China", *Harvard Business Review*, December 11, 2018.

国在多边体系中的表现。美国既是世界上进行多边合作的主导力量，同时又是此类合作的最大障碍之一。

从冷战到20世纪80年代，美国国际战略以遏制苏联和超越遏制接近中国为标志，其全球贸易治理的思路是：以关税及贸易总协定（GATT）为主，使全球范围内自由贸易体制成为冷战的工具。美国希望建立贸易自由化的体制，以此复兴美国重要盟友西欧和日本的经济，共同遏制苏联。

从20世纪90年代起，以北美自由贸易协定（NAFTA）生效为标志，美国自由贸易区战略开始实施，这一侵蚀多边体系的战略转型在1999年WTO第三次部长级会议失败后更趋于明显，进而从小布什到奥巴马，美国完成了自由贸易区的跃进。美国主导多边体系的转型源于美国绝对霸权地位的下降，多边不再成为方便易行的治理工具。在美国战略变化的带动下，全球区域主义流行。特朗普政府的贸易政策更多是基于双边的，在两国之间寻求降低贸易壁垒。在双边的框架下，美国采取侵略性单边主义迫使对手做出利益让步，频繁发动贸易战。据WTO统计，1958年区域贸易协定为2个，1973年增至12个；1990年为25个，到2000年增至94个；2001年为106个，到2018年年初，已经增至455个。区域协议意味着全球经济的"碎片化"和全球经济大市场的分割，国外投资、全球供应链和"生产分享"正在重塑多边贸易体系，重塑GATT/WTO规则

(Blanchard, 2014)①。

  首先,区域贸易协定违背了多边贸易体制下的非歧视原则。WTO 三大核心原则之一是非歧视原则,包括最惠国待遇和国民待遇。区域贸易协定制定的共同对外关税虽然按照第二十四条款的规定不高于 WTO 制定的关税水平,但其内部较低关税甚至零关税客观上构成了对区外国家的歧视,对最惠国待遇原则形成挑战。其次,不同适用的贸易规则日益复杂。多边贸易体系和区域层面的贸易体系是相互独立的,加剧了世界贸易体系内规则的错综复杂,不便于 WTO 进行管理。一国通常会与多国签订双边贸易协定,这样就形成了一张交错的贸易协定网络,处于交点处的各国面对不同伙伴国有不同的贸易适用规则,极大地增加了相关国家的贸易成本。以原产地规则为例,其产生之初是为了便于国别贸易统计,但早已演变成区域贸易协定进行贸易保护的工具。地区贸易安排成员国依据该规则来甄别进口货物是否来自同区的成员国,以避免区外国家通过向其他成员国出口再由该成员国以区内较低关税运至其他成员国境内,绕开了该区域贸易协定对外制定的关税。不同的区域贸易协定制定的原产地规则不尽相同,这就要求一国需要根据不同的原产地规则要求进行生产,极大地增加了贸易成本。再次,大国通过区域集团划分势力范围,形成以各大国为核心的区域集团的格局并不利于多边体系的发展。通

---

① Emily J. Blanchard, "What Global Fragmentation Means for the WTO", WTO *Working Paper*, No.3, 2014.

常地区层面的贸易协定议题更为广泛灵活，大国可以通过关税减让来要求小国在非经济议题上进行妥协，或者以小国在区域协定里的利益相要挟，要求小国在多边谈判中让步。随着各大国在各地区都签订了较多的双边协议或区域贸易协定，使得整个世界客观上形成了以几个大国为核心的区域集团，这些集团成为多边谈判的主角，小国利益诉求难以体现在谈判成果上。在全世界目前生效的RTA中，只有欧盟和欧洲自由贸易联盟是属于发达国家间的联合；仅北美自由贸易区是发达国家与发展中国家联盟；其他所有的区域经济组织均属于发展中国家与发展中国家结成的自由贸易区。然后再按照这些区域贸易协定的GDP、区内贸易份额以及区内贸易依存度进行排序。欧盟和北美自由贸易区几乎在三个指标下都排名靠前（表2-3）。发达经济体主导着全球最大的自贸区协议，并引导着规则的制定。

表2-3　　　　　　　　区域组织排名前十位

排名	GDP（百万美元）	区内贸易份额（%）	区内贸易依存度（%）
1	北美自贸区（NAFTA，现为美墨加 USMCA 协议）	欧盟（EU）	欧盟（EU）
2	欧盟（EU）	北美自贸区（NAFTA）现为美墨加 USMCA 协议	东盟自贸区（ASEAN）
3	在发展中国家全球贸易优惠制（GSTP）	在发展中国家全球贸易优惠制（GSTP）	在发展中国家全球贸易优惠制（GSTP）
4	亚太贸易协定（APTA）	东盟自贸区（ASEAN）	北美自贸区（NAFTA）
5	中国—东盟自贸区（CAFTA）	南部非洲发展共同体（SADC）	南部非洲发展共同体（SADC）

续表

排名	GDP（百万美元）	区内贸易份额（%）	区内贸易依存度（%）
6	拉美一体化协会（LAIA）	独联体（CIS）	中美洲共同市场（CACM）
7	南方共同市场（MERCOSUR）	中国—东盟自贸区（CAFTA）	阿拉伯联盟（LAS）
8	阿拉伯联盟（LAS）	中美洲共同市场（CACM）	中欧自贸协定（CEFTA）
9	独联体（CIS）	拉美一体化协会（LAIA）	中国—东盟自贸区（CAFTA）
10	东盟自贸区（ASEAN）	亚太贸易协定（APTA）	独联体（CIS）

资料来源：联合国贸发会议数据库 http://unctadstat.unctad.org。转载自贾雁凌《区域经济一体化及其对多边贸易体制的挑战——从贸易角度进行分析》，硕士学位论文，中国人民大学，2016年。

越来越多的双边体制的运行无疑冲击了多边体制。WTO 具有三大功能：谈判功能、政策审议和争端解决机制。目前谈判功能实际上停滞；政策审议就是撰写各种报告，仍在运行；而 WTO 体系中最具有实质意义的就是争端解决机制（上诉机构），但基本处于瘫痪状态。世贸组织争端解决机制解决了大量的贸易争端，被誉为全球贸易体系的"王冠"[1]，现在已经名存实亡。2016 年 12 月上诉机构尚有 7 名法官；2017 年 6 月 1 名法官任期届满，剩下 6 名法官；2017 年 8 月 1 日 1 名法官辞职，就剩下 5 名法官；2017 年 12 月 11 日又有 1 名法官任期届满，剩下 4 名法

---

[1] Tetyana Payosova, Gary Clyde Hufbauer, and Jeffrey J. Schott, "The Dispute Settlement Crisis in the World Trade Organization: Causes and Cures", Peterson Institute for International Economics, *Policy Brief*, No. 5, 2018.

官；到 2018 年 8 月 30 日再除去 1 名任期届满的法官，只剩下 3 名法官。在 2018 年 8 月 27 日 WTO 的争端解决机制例会上，美国再次明确表态，不会批准任何一位上诉机构大法官的连任申请，这意味着 WTO 争端解决机制中的上诉机构将从 2018 年 10 月起，面临着仅剩下 3 名大法官而无法运行的状态，到 2019 年年底又有 2 名大法官任期届满，到时候不任命新法官，WTO 上诉机构将只剩下 1 名法官。目前堆积如山的上诉案件只能搁置，上诉机构的运行已经陷于危机之中，WTO 已经不能正常运转。

（三）即使想通过改革维持多边体制，也主要是几个发达经济体在独立或者组团发声，其中针对中国的发展中国家地位、国有企业、技术转让和补贴成为建议 WTO 改革讨论的主要内容

在中美贸易摩擦的背景下，WTO 改革问题再次被纳入全球日程。2017 年 12 月 12 日，在阿根廷 WTO 部长会议期间，美国、欧盟与日本三方部长级贸易官员发表联合声明，表示在产能过剩以及相关的产业补贴、国企问题，还有技术转让问题等方面加强合作。2018 年 3 月，三方再次在布鲁塞尔发表类似声明。2018 年 5 月 31 日，美欧日在巴黎再次发表联合声明，对强化产业补贴规则、技术转让政策、市场导向经济的条件要点等方面形成了一些原则性共识，同时表示将在 2018 年年底以前完成内部准备步骤，随后发起贸易谈判，并表示要保证"关键贸易伙伴"参加。联合声明除了要求加强 WTO 补贴透明度纪律之外，并没

有明确声明所说的谈判是否在 WTO 框架下举行。2018 年 9 月 25 日，三方部长在纽约发表第四个联合声明，显示已经就相关议题的内部协调取得一定进展。

2018 年 6 月 28—29 日，欧洲理事会授权欧盟委员会推动 WTO 现代化，以实现 WTO 贴近现实和适应不断变化的世界的目标，加强 WTO 的效力。

2018 年 7 月 5 日，欧盟小范围发布工作文件，提出了欧盟委员会关于改革 WTO 的建议。与此同时，德国贝塔斯曼基金会发布了重振世贸组织的智库报告。欧盟委员会改革 WTO 的建议以"概念文件"的形式于 2018 年 9 月 18 日对外公布。在这次公布中，文件开头加了一小段话，表示这只是作为讨论的基础，并非欧盟委员会最终立场。

由于欧盟委员会的建议并非其最终谈判立场，各欧盟成员目前并不因欧盟"一个声音说话"的政策而受该"概念文件"的约束，各欧盟成员不排除有其他观点。法国在 2018 年 11 月 11 日到 13 日之间组织巴黎和平论坛，期间组织世界各国讨论了 WTO 改革问题。

加拿大于 2018 年 8 月 30 日形成了一个题为《加强与现代化 WTO》的讨论文件草稿，该讨论文件草稿虽未公布，但已经在一定范围流传。加拿大计划于 10 月 24—25 日在渥太华举行改革 WTO 会议，加方邀请了欧盟、日本、瑞士、挪威、澳大利亚、新西兰、新加坡、韩国、巴西、智利、墨西哥与肯尼亚参加，加上东道国加拿大，合计13方。从加方邀请名单上看，中国、美国、印度和俄罗斯等WTO重要成员没有包括在内。

欧盟委员会方案和加拿大方案的主要方向是一致的，均包括了三个方面的改革提议。一是关于实体贸易规则的改革；二是关于WTO日常工作与透明度；三是关于争端解决机制。相对来说，欧盟委员会方案更加具体。但加拿大方案中也有一些在欧盟方案中没有的提法。例如，加拿大方案中认为以往谈判中尚未解决的包括多哈回合议题中尚未完成的一些议题，应该加以讨论。加拿大方案还认为，某些争端不宜通过裁决程序解决，更宜采用调解或其他方式，甚至可以考虑将某些类型的争端正式排除出裁决程序的管辖。这些要素在欧盟方案中没有强调。

欧盟对规则改革的具体意见包括：（1）关于数字贸易，欧盟认为数字贸易已遍及整个经济领域，既包括服务贸易，又包括商品贸易，使完全的线上交易和线下实物交易均成为可能。因此，建立涵盖数字贸易的规则，对于通过电子手段消除不合理的贸易壁垒，为企业营造合法经营的环境，确保消费者拥有安全的网络环境，都非常重要。（2）关于发展问题，欧盟的建议是：应该允许发展中国家获得满足其发展目标所需的援助和规则适用的弹性。然而，WTO需要改变规则弹性的制定方式和实施方式，以确保能够提供给那些真正需要的成员。具体说，欧盟建议：①"毕业"程序：应积极鼓励成员"毕业"并选择退出特别和差别待遇，不论是整体的还是单个协议的。②特别和差别待遇：在承认需要特别灵活地对待最不发达国家的同时，其他成员所具有的弹性应从不限成员名额的集体豁免转向以需求为导向和以证据为基础的办法，以确保其针对最不发达国家。③个案评估：当成员要求额外的特别待遇时，应仅在个案分析的基础上进行，评估应基于一系列具体指标。除此之外，在欧盟的视野里，发展更应该强调可持续发展，欧盟建议对可持续发展目标进行详细分析，并确定贸易政策有助于实现这些目标的方式。(3) 欧盟建议中还有一些支持中美贸易摩擦中美国论点的建议，例如，关于强制性技术转让（即外国运营商直接或间接地被迫与国家或国内运营商分享他们的创新和技术），欧盟认为这已成为一个主要的贸易障碍。在现行的《关贸总协定》《贸易和投资协定》和《与贸易有关的知识产权协议》的WTO规则手册中，有一些条款本应该有助于解决强制技术转让问题。但是，这些规定的适用范围（包括缔约方做出的承诺）是有限的，因此不足以解决某些最重要的问题，例如禁止或限制外国所有权的规定（例如合资企业规定或外国股权限制）。还需要制定新规则，以解决基于不明确规则的行政审查和许可程序，以及允许广泛自由裁量权的程序（如市场许可）和许可限制（外国投资者在谈判技术许可协议时，在设定基于市场的条款方面受到限制）。除了针对强制技术转让的具体规则外，欧盟还应提出新的规则，以补充现有规则。新规则需引入一些条款，以一种更综合的方式，提高外商直接投资（包括服务和非服务部门）的整体市场准入条件，解决扭曲和歧视性做法，包括法律限制和经营要求（例如在本地采购或生产货物或服务）。再如，欧盟建议对补贴规则、国有企业问题做规则改革。建议扩大禁止补贴的名单，举例而言，可能受到严格规则约束的补贴类型包括：无限制的担保，对没有可靠的重组计划或双重定价的资不抵债或陷入困境的企业的补贴等。

欧盟认为国有企业是国家管理和影响经济的工具，常常产生市场扭曲效应。然而，现行规则与近年来国有企业的增长和影响力不匹配，无法捕捉到任何扭曲市场的行为。欧盟认为应该澄清什么是公共机构，通过一个一个的案例分析来确定国有或国有控股企业是否在履行政府职能或推进政府政策，以及如何评估成员国是否对相关企业拥有实质性控制权。此外，欧盟提出以考察政府利用国有企业作为工具以执行政府经济政策所造成的其他扭曲市场的行为，而不是关注国有企业自身的经济表现，包括国家对国有企业控制水平和程度方面的透明度。

（四）贸易和投资规则的政治化倾向日益明显

美国对现行WTO不满的主要原因之一是，中国加入WTO后发展迅速，美国认为中国利用WTO规则取得了便利。另外一个重要原因是，美国自己主导确立的规则，却发现自己是遇到反倾销诉讼数量第二多的国家。1995—2017年美国遭遇反倾销诉讼的数量是427次，仅次于印度的656次，占这期间所有数量的约12%（图2-16）。因此，美国对WTO心怀不满，甚至威胁要退

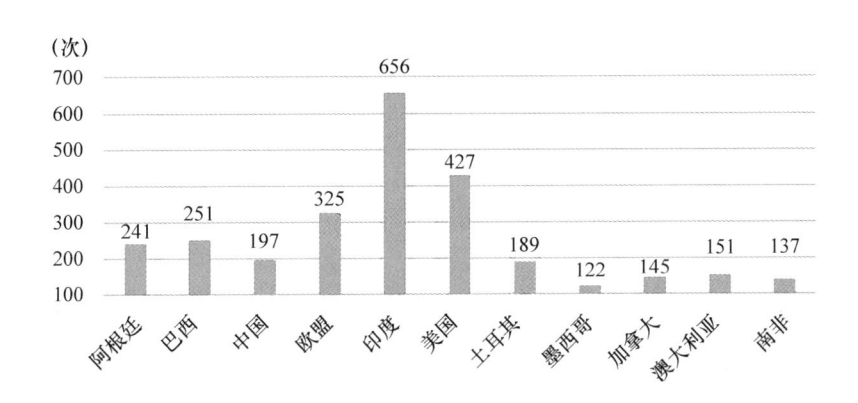

出 WTO。而中国遭遇了 197 次，排名第 5 位。

图 2-16　国家和区域遭遇反倾销的数量（数量大于 100 的样本）

资料来源：WTO，Anti-dumping Sectoral Distribution of Measures：By Reporting Member 01/01/1995 – 31/12/2017。

欧盟是遭到反倾销诉讼数量第三的区域，也希望能够改革 WTO。2018 年 6 月 28—29 日，欧洲理事会授权欧盟委员会实施世贸组织现代化，以实现两大目标，一是提高世贸组织的相关性和适应性；二是提高世贸组织的有效性。首先，该报告重点确认了身份重新认证问题，"现有规则定义的发达和发展中国家之间的差别，已不再反映一些发展中国家经济迅速增长的现实。结果就是发展中国家，现在也包括一些世界上最大的贸易国家，它们与这个群体的其他成员有显著的经济差异，甚至在某些方面，它们的发展水平甚至要超过某些发达国家"。其次，讨论国有企业及其补贴问题。在"制定平衡系统和公平竞争的规则"部分中，提出了"有些国家的经济经营者越来越多地受益于有针对性地、严重扭曲市场的政府支持措施,这些政府支持措施通常通过国有企业来提供"。《补贴和反补贴措施协议》(SCM 协议)必须更加完整和透明,并更好地覆盖国有企业。再次,讨论了技术转让等问题。在"制定新规则解决服务和投资方面的障碍,包括在强制性转让技术的领域"中,提出需要解决市场准入、外国投资者的歧视性待遇以及其他广泛存在的扭曲背后的问题。2018年8月1日,美国参议院批准了全称为《外国投资风险评估现代化法案》(FIRRMA)的改革法案,旨在大规模强化对外国投资的审查,其中科技、房地产等行业的交易将面临严峻的障碍。法案赋予美国财政部牵头的外国投资委员会(CFIUS)更广泛的权力,以国家安全为由,审查并可能阻止外国交易,范围包括曾经未加限制的少数股权投资。以国家安全为由,存在诸多模糊地带,使得投资规则也越来越政治化。美国经济分析局的数据显示,全球来看 2018 年第一季度的外国直接投资净额降至 513 亿美元,这一数字与 2017 年同期的 897 亿美元相比下降了 37%,与 2016 年第一季度的 1465 亿美元相比下降了 65%。根据 Baker McKenzie 律所 2018 年 7 月公布的一份报告,2018 年上半年中国对北美投资交易降至 9 年来最低点,仅有 25 亿美元,而 2017 年同期为 240 亿美元。[①] 2018 年 9 月 25 日美日欧签署了"美日欧联合声明",声明中提到在第三国非市场化政策、国企补贴、强

---

① 《美参院通过限制外国投资法案,对美投资大幅下滑》,《21 世纪经济报道》2018 年 8 月 3 日。

制技术转让和 WTO 改革方面达成了一致。贸易和投资规则的政治化倾向日益明显。

（五）特朗普采取了"先破后立"的策略，让全球贸易和投资规则有利于"美国优先"

1. 北美自贸区协议（NAFTA）被美墨加（USMCA）贸易协议取代，并成为美国对其他国家谈判的模板

特朗普以贸易双边赤字为理由，以退出北美自贸区（NAFTA）要挟墨西哥和加拿大重新谈判。2016 年 10 月 19 日，特朗普通过自己的推特发文说，"我要重新谈判北美自由贸易协定。如果我不能得到一个很好的协议，我们就把它撕毁。我们会让这个经济重新开始运行"。经过不断的威胁，2018 年 9 月 30 日，美国、墨西哥和加拿大终于以美墨加（USMCA）替代了 1994 年生效的北美自由贸易区（NAFTA）。在 2018 年 10 月 1 日，特朗普还说"我一直认为北美自由贸易协定可能是有史以来最糟糕的贸易协定，自该协定生效以来，美国对加拿大和墨西哥的贸易赤字总计超过 2 万亿美元，甚至远高于此。我们损失了大量的金钱，失去了 410 万个就业岗位和 1/4 的汽车行业就业岗位"[1]。在新协议的条款里有一项旨在禁止与"非市场化"国家达成自贸区的条款。换言之，如果 USMCA 中任一成员与"非市场化"

---

[1] President Donald J. Trump Secures, "A Modern, Rebalanced Trade Agreement with Canada and Mexio", Ootober 1, 2018.

国家达成自由贸易协议，则其他成员可以在6个月后退出，并建立自己的双边贸易协议。这个条款实际上赋予了特朗普政府能够有效否决加拿大或者墨西哥同中国签订任何贸易协议，本质上是一种中国的"毒丸"条款。同时对于原产地有明确的限制。比如，作为汽车零关税的条件。来自本地区零部件采购的比例将从62.5%提高到75%，体现了对汽车制造业本地化的重视。特朗普2018年10月1日对记者说："它将把北美重新变成制造业中心。"特朗普表示，新协定将"使我们可以召回因为不公平贸易而被外包给世界其他地区的供应链环节"。因此这种贸易协定是以贸易的区域化替代全球化。USMCA还被美国贸易代表莱特希泽称为所有谈判的模板。美国这种带有"毒丸"条款的自贸区协议，本质上就是要把中国这样的发展中国家排除在以美国为首的自贸区协议之外。

2. 通过不断"退群"或者通过双边协议来给其他经济体制造多边体制改革也必须奉行"美国优先"的压力，使得国际秩序变得混乱而多变

特朗普上台后，认为维持全球秩序的很多协议都不符合美国利益，开始了"退群"行动。特朗普上台仅3天就退出了TPP，而且基本上是"逢奥必退"，前任美国总统奥巴马的政治遗产基本丧失殆尽。表2-4给出了特朗普上台后的"退群"的时间、理由等具体信息。

第二章 世界经济面临的"大冲突" 41

表2-4　　　　特朗普上台后退出的国际组织或者双边协议

名称	退出时间	理由	内容简介
TPP	2017年1月23日	不利于美国制造业	TPP谈判最初由智利、新加坡、新西兰、文莱4个环太平洋国家发起；2009年年底，奥巴马政府宣布加入谈判；2015年10月，美国、日本、澳大利亚等12个国家已成功结束谈判，达成TPP贸易协定；奥巴马曾表示，希望将TPP打造为"一个面向21世纪、高标准、全面的多边自由贸易协议"；特朗普上任3天就退出了TPP
巴黎气候变化协定	2017年6月1日	不利于美国	《巴黎协定》由各国在2015年年底达成，用以取代将于2020年到期的《京都议定书》；该协定的主要目标是将21世纪全球平均气温上升幅度控制在2摄氏度以内，并将全球气温上升控制在前工业化时期水平之上的1.5摄氏度以内；全球170多个缔约方签署，20多个缔约方完成批准程序
联合国教科文组织	2017年10月12日	欠费后不出钱，并认为该组织对以色列有偏见	《联合国教科文组织》成立于1945年，宗旨是通过教育、科学和文化来促进各国之间的合作，并对世界和平与安全做贡献
全球移民协议	2017年12月2日	该协议与美国国内政策相悖	《全球移民协议》是联合国一项旨在改善移民和难民处境的协议，有193个联合国会员国
伊朗核协议	2018年5月8日	无法阻止伊朗继续发展弹道导弹项目、支持恐怖主义	2015年7月20日联合国安理会一致通过伊朗核协议，长达10年的伊朗制裁将被取消；若伊朗在未来十年内违反协议，联合国将重新对其进行制裁；伊朗与美国、俄罗斯、中国、英国、法国、德国六国签署的协议
联合国人权理事会	2018年6月19日	对以色列有"偏见"，无法有效保护人权	联合国人权理事会是联合国大会的下属机构，总部设在瑞士的日内瓦；其目标是致力于维护各国人权免于侵害；共有47个成员国

续表

名称	退出时间	理由	内容简介
维也纳外交关系公约	2018年10月3日	对巴勒斯坦将美国告上国际法院的回应	《维也纳外交关系公约》是一个国际公约，1964年4月24日生效，最初的签约国有60个；1975年11月25日，中国加入该公约；截至2014年4月2日，随着巴勒斯坦的正式加入，该公约已经达到了190个缔约国
万国邮政联盟	2018年10月17日	该组织的国际邮政资费规定伤害了美国企业	万国邮政联盟是协调成员国之间邮务政策的联合国专门机构，其前身是1874年10月9日成立的"邮政总联盟"，1878年改为现名；共有192个成员国
中导条约	2018年10月21日	俄罗斯违反了该条约	《中导条约》全称是《苏联和美国消除两国中程和中短程导弹条约》，由美国和苏联于1987年12月8号签署；条约规定两国不再保有、生产或试验射程在500公里至5500公里的陆基巡航导弹和弹道导弹

此外，特朗普以退出《美韩自由贸易协定》为威胁，于2018年9月24日在联合国纽约总部大楼内，与韩国现任总统文在寅签署了《美韩双边贸易修正后协议》。这意味着特朗普一年来的威胁终有结果，韩国被迫在贸易摩擦中调整自己的姿态。

美国频繁"退群"，完全无视第二次世界大战以来在美国主导下形成的国际安全、贸易、投资和文化等领域的共同制度安排。特朗普认为只要目前的这套国际制度跟他自己国内的狭隘的国家利益有冲突；或者美国认为自己付出了成本，没有达到预期具体的目的，特朗普就"退群"。美国这种视现行国际制度安排为儿戏的做法，使得整个国际秩序相对进入了一个混乱的、更加多变的时代。为了应对贸易的不确定性，2018年7月17日，欧盟和日本在东京签署自由贸易协定，名为"欧日经济伙伴协定"（EU-Japan Economic Partnership Agreement）。欧日自贸协定谈判始于2013年4月19日，历经四年多18轮谈判，在2017年12月8日结束。美欧和美日自贸区协议正在谈判之中，2018年10月17日美国商务部长罗斯指责欧盟在美欧零关税自贸协定谈判进程上蓄意拖延且说谎，并重新暗示美国会使用"汽车税"对付欧盟。尽管美欧各自诉求存在差异，尤其是在汽车和农产品领域分歧很大，美欧自贸区协议谈判困难重重，但一旦谈成，世界上最发达的经济体之间就成为一个相对独立的俱乐部，世界贸易格局面临被重塑的风险。更为担忧的是，如果美国在欧盟和日本的谈判中再次出现这个"毒丸"条款，可能导致中国在全球贸易体系中被发达经济体孤立的风险。

第三章 走向新的不平衡的"大调整"

◇◇ 一 美国外部不平衡将持续，世界经济将在不平衡中继续前行

（一）私人储蓄率过低是美国经常账户赤字的基本原因

特朗普以外部不平衡为借口，以关税为主要手段，在2018年发起了大规模的全球贸易摩擦。经济学基本原理告诉我们，开放条件下一国经常账户余额等于一国的储蓄减去投资。表3-1的数据显示，在五大经济体中，我们发现除美国之外的其他四大经济体储蓄减去投资和经常账户余额之间的差距很小，基本可以忽略，且波动性也很小。美国经济中这一恒等式误差高于其他四大经济体，2007—2017年，美国（S-I-CA）/GDP的年均误差为0.281个百分点。可见，开放条件下的会计恒等式就提供了一个有用的、分析内外部不平衡的基础性框架：外部不平衡是内部不

平衡的镜像。

表 3-1　2007—2017 年五大经济体开放条件下会计账户的适用性

	美国	中国	日本	德国	英国
恒等式误差	0.281	0.00055	1.82E-16	-0.00018	-0.00027
标准差	0.74217	0.024635	0.000775	0.000405	0.000467

注：（1）恒等式误差是指 S-I-CA 不等于 0 的情况，以占 GDP 的百分比表示，表中给出的是历年均值。（2）标准差是指恒等式误差的标准差。

资料来源：IMF，WEO（2018），Database。

从逻辑上说，如果一国内部储蓄和投资之间不平衡，必然引发外部不平衡；另外，如果存在可以持续的外部不平衡的投资条件，那么储蓄小于投资的内部不平衡也会被强化。内外部不平衡存在清晰明确的联动机制：恒等式两边存在同时缩小（内外平衡）或者同时扩大的趋势（内外不平衡）。

按照开放条件下的恒等式，在维持增长的条件下，那么合意的内部不平衡改善方式是什么？表 3-2 给出了五大经济体内部平衡的合意模式及其要点，可以看出美国和中国的实际调整情况和合意模式的调整要点在方向上是吻合的，只是程度存在差异。日本由于长期经济增长疲弱以及预期不乐观，增加投资是很困难的；而德国由于其在欧元区内部强大的竞争力，德国外部的盈余与欧元区的政治经济安排紧密关联（Kanthak，L.，2013）[1]，德

---

[1] Kanthak, L., "Determinants of Current Account Imbalances in the Eurozone: A Political-Economic Analysis", EPSA, *Annual General Conference Paper*, No. 385, 2013.

国依靠欧元区累积的外部盈余最终必然转化为高储蓄,因此,降低储蓄对于德国来说并非易事。而英国由于高福利带来的财政压力及其在欧洲的竞争力明显比德国弱,要增加储蓄也是困难的。可见,探究内部不平衡的实际调整路径与合意模式的差异对于分析外部不平衡的调整模式及其政策取向提供了重要的参考条件。

表3-2　五大经济体国民储蓄和投资内部平衡调整的合意模式

	美国	中国	日本	德国	英国
储蓄/GDP	上升	下降	下降	下降	上升
投资/GDP	不变或者上升	下降	上升	上升	上升或者不变
合意的要点	增加储蓄	增加消费	增加投资	降低储蓄	增加储蓄

因此,从这一框架来看美国经常账户不平衡,其根本原因在于国内储蓄和投资之间的不平衡,即储蓄小于投资导致经常账户逆差。美国国际贸易委员会办公室的经济学家都认为美国国内的消费刺激了美国经济增长的同时,也增加了外部赤字。换言之,增加美国国内储蓄能够减少美国经常账户逆差(Trachtenberg, D., 2012)[1]。根据IMF(2018)的数据,2017年美国经济总投资和总储蓄之间的缺口占GDP的比例为-2.32%,预计2018年

---

[1] Trachtenberg, "Current Accounts and National Savings: Rebalancing Demand in China and the United States", Electronic copy available at http://ssrn.com/abstract=2180596, 2012.

这一缺口为-3.01%，储蓄无法弥补投资的缺口扩大，就意味着面临更大的经常账户赤字。[①]

相比很多发展中国家的居民储蓄率，美国居民的储蓄率一直很低。次贷危机爆发时的2007年11月美国经济中个人储蓄率降到低点，只有3.1%，此后基本呈上升趋势，2012年12月达到12%；随后在2013年1月快速下降到6.3%，之后基本稳定在6%—7%。2018年1—8月的月度储蓄率均值为6.9%，8月份为6.6%（图3-1）。

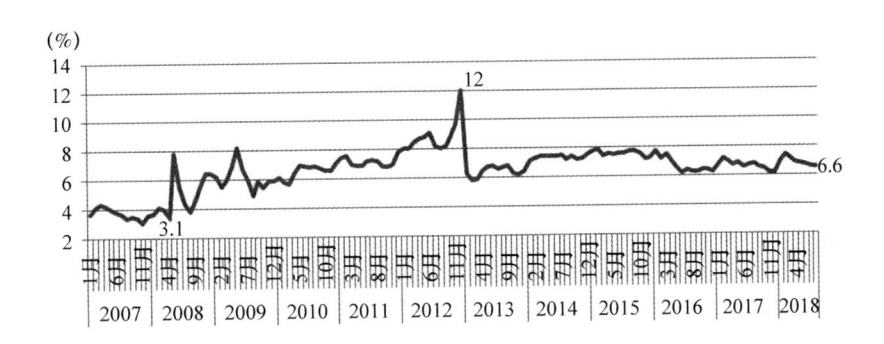

图3-1 美国经济中的储蓄率（个人储蓄/个人可支配收入）

资料来源：U. S. Federal Reserve Economic Data. https://fred.stlouisfed.org.

美国外部不平衡的一个重要原因是政府过高的赤字导致了整个社会储蓄率过低。开放条件下政府财政赤字会降低储蓄率，导致外部不平衡，一项最近的研究再次证明了这一观点（Gagnon，

[①] 数据来源：IMF，WEO（2018），Database.

J. E.,2017)①。但从美国的内部调整政策来看,降低财政赤字在当前几乎不具备可能性。首先,随着2020年美国总统大选的到来,为了获得选民的选票,消减财政赤字的实质性措施不会出现。2017年年底,美国政府发行在外的公共债务高达约20.5万亿美元,其中通过市场化筹集的债务达到14.5万亿美元。相比2008年的约10万亿,在十年时间里美国公共债务总量上升了1倍。2018年5月,美国政府公共债务达到约21.15万亿美元。②其次,特朗普政府实施的财政刺激方案(减税)短期内进一步恶化了政府债务。最后,债务利息不断上升,加重了债务偿还的压力,借新债还旧债成为债务延续的一种手段。在这种状况下美国几乎没有通过降低政府赤字来矫正外部不平衡的可能性。

(二) 美国经常账户逆差是美元国际货币体系内生性的产物

布雷顿森林体系解体以后,各国货币不再维持一个固定比率,黄金与各国货币彻底脱钩,国际储备货币开始多元化,国际收支的调节手段也开始多样化。尽管如此,美元至今在国际交易、结算和储备中占据近2/3的份额,整个国际货币体系依然是美元主导的国际货币体系。为了维持美元主导的国际货币体系,美国必须输出美元提供全球流动性。因此,美元国际货币体系决定了美国经常账户的逆差具有很强的内生性。

---

① Gagnon, J. E., "Do Government Drive Global Trade Imbalances?", Peterson Institute of International Economics, *Working Paper*, No. 15, 2017.

② 来自美国财政部的数据, https://www.treasurydirect.gov/govt/reports/。

过低的私人储蓄率导致了美国经济内部储蓄—投资关系失衡，并带来了外部不平衡（赤字），在美元主导的国际货币下，美国居民就不断从外围国家借钱度日。因此，美元国际货币体系强化了美国经济的外部不平衡：只要能便利地借到钱，美国居民就没有主动约束国内财务预算的决心和动力。另外，维持美元国际货币体系本身也要求美国经济对外是逆差，美元才会走出去，成为国际流动性的支付工具，成为所谓的"原罪"的来源（Hausmann, R. and Panizza, U., 2003）[1]。

Dooley、Folkerts-Landau 和 Garbe（2003，2004a，2004b，2004c）提出了全球不平衡的 DFG 模型——布雷顿森林体系 II[2]。其基本含义是：新兴发展中外围国家（主要是亚洲国家）采取币值低估并盯住美元实施出口导向型的发展战略以促进增长和就业，并通过吸收 FDI 来提高资源配置效率，同时使用美元储备来干预外汇市场维持币值低估；中心国家（美国）使用外围国家

---

[1] Hausmann, R. and Panizza, U., "The Determinants of Original Sin: An Empirical Investigation", *Journal of International Money and Finance*, 22, 2003, pp. 957–990.

[2] Dooley, Michael P., David Folkerts-Landau and Peter Garber, "An Essay on the Revived Bretton Woods System", NBER *Working Paper*, No. 9971, 2003; Dooley, Michael P., David Folkerts-Landau and Peter Garber, "The Revived Bretton Woods System: The Effects of Periphery Intervention and Reserve Management on Interest Rates and Exchange Rates Center Countries", NBER *Working Paper*, No. 10332, 2004a; Dooley, Michael P., David Folkerts-Landau and Peter Garber, "Direct Investment, Rising Real Wages and the Absorption of Excess Labor in the Periphery", NBER *Working Paper* No. 10626, 2004b; Dooley, Michael P., David Folkerts-Landau and Peter Garber, "The US Current Account Deficit and Economic Development Collateral for a Total Return Swap", NBER *Working Paper* No. 10727, 2004c.

大量的美元储备来低成本融资，同时从 FDI 的高回报率中获取收益，并享受来自外围国家价格低廉的消费品。DFG 模型认为这一体系中资金是从发展中国家流向发达国家（即存在 Lucas 之谜），并符合美国和亚洲（包括中国）的利益。因此，尽管受到金融危机的冲击，这一体系也将继续运作（Dooley, Folkerts-Landau and Garber, 2014）[①]。因此，美国经济长期的外部不平衡是一个成功的国际货币体系良性的、稳定的特征。

当然也存在认为目前的外部不平衡是不可持续的观点，比如外部融资假说论。该理论认为美国无法持续为大规模的经常账户赤字融资，该体系所暴露出来的美元体系与个体国家金融利益之间存在不一致性，亚洲国家无法长期承受美元贬值带来的资产损失，该体系即将崩溃（Eichengreen 2004）[②]；再比如外围国家维持该体系的高成本论。主要是外围国家美元储备受汇率变动的损失以及为稳定资本流入、流出带来的汇率体系冲击（Goldstein and Lardy 2005）[③]，等等。这些研究都试图论证美国外部不平衡融资的不可持续性。这也反映了维持目前国际货币体系存在的一些问题，而且告诫了美国不能无限制地从事国际借款来维持自己

[①] Dooley, Michael P., David Folkerts-Landau, and Peter M. Garber, "The Revived Bretton Woods System's First Decade", NBER *Working paper*, No. 20454, 2014.

[②] Eichengreen, B., "Global Imbalances and the Lessons of Bretton Woods", NBER *Working Paper*, No. 10497, 2004.

[③] Morris Goldstein and Nicholas R. Lardy, "China's Role in the Revived Bretton Woods System: A Case of Mistaken Identity", Peterson Institute for International Economics, *Working Paper*, No. 2, 2005.

的外部不平衡。

因此，在美元主导的国际货币体系下，美元是提供全球流动性的主要货币，这也为美元体系的运行和美国经济持续的不平衡增长提供了基础性条件：美国逆差、美元输出、提供全球流动性、维持美元国际货币体系，顺差国用获取的美元重新流回美国（借钱给美国人），使得美国可以持续保持经常账户逆差。换言之，美国国内储蓄小于投资的增长方式得以持续的关键是美元货币体系带来的国际借贷的可信性和便利性，但特朗普政府无视这种美元体系内生的外部不平衡性及其带来的铸币税等巨大的好处，反而以不平衡为借口，主动挑起贸易冲突。

（三）贸易层面的美国服务业贸易顺差抵补货物贸易逆差的比例不高，而"技术限售"更是导致美国贸易赤字的重要原因

美国经常账户在 20 世纪 90 年代初期是相对平衡的，美国服务贸易顺差能在较大程度上抵补货物贸易逆差。1992 年 2 月美国服务贸易顺差能抵补货物贸易逆差的 85%，随后不断下降，在 2002 年 11 月进入低于 10% 的区间，这一状况一直持续到 2006 年 9 月。从 2006 年 10 月开始重新返回 10% 以上的区间，到 2007 年 9 月雷曼兄弟事件爆发时，这一抵补比例也不足 15%。从 2012 年年底开始，美国服务贸易顺差抵补货物贸易逆差的比例基本维持在 32% 左右，也就是大约 1/3（图 3-2）。尽管难以完全确定贸易逆差是美国金融危机的直接原因，但经常账户赤字带来的资本账户下的资本流入（贸易盈余国家的资本返流）无疑是导致流动性充裕以及推高资产价格的重要原因，这也使得研究者认为不平衡是导致经济波动的重要原因（Fogli, A., and Perri, F., 2015）[①]。

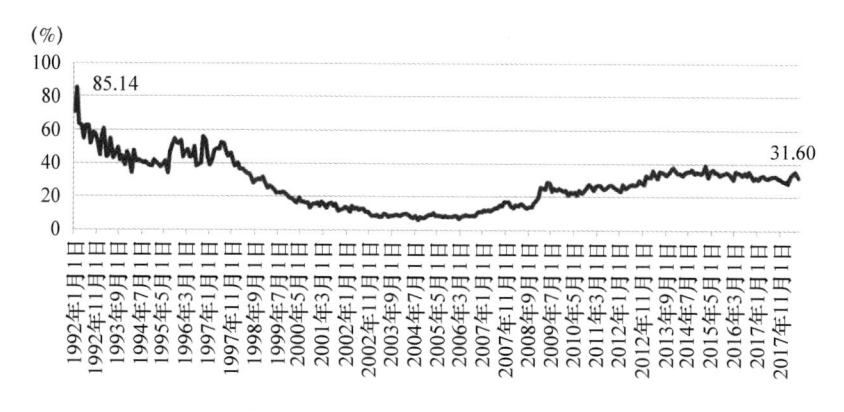

图3-2 美国经济服务贸易顺差抵补货物贸易逆差的比例

资料来源：Federal Reserve Economic Data, https://fred.stlouisfed.org。

从经济发展的比较优势来看，美国本应出口更多高技术的产品。技术贸易是服务贸易的重要部分，但从服务业贸易结构上看，美国高技术贸易仍然是逆差。依据美国商务部公布的数据，2008年1—10月美国高技术贸易逆差达到487.44亿美元，相比2007年同期的435.48亿美元增长了约52亿美元；从10月份数据来看，逆差为78.72亿美元，高于9月的77.53亿美元。总体上，美国不会采取依靠高技术产品出口的策略来弥补经常账户赤字。

[①] Fogli, A., and Perri, F., "Macroeconomic Volatility and External Imbalances", *Journal of Monetary Economics*, Vol.69, 2015.

另外我们可以看到美国在国际贸易中"技术禁售"越来越明显。1999—2007年美国对外贸易中，知识产权类服务业出口占服务业出口的比例为月均19.14%，而2008—2017年降为月均18.09%。2015—2017年这一比例为16.35%，2018年1—7月为16.33%，基本为过去三年的平均水平（图3-3）。可见，与次贷危机之前的近十年相比，当前美国知识产权类服务业的出口占服务业出口的比例下降了大约3个百分点。

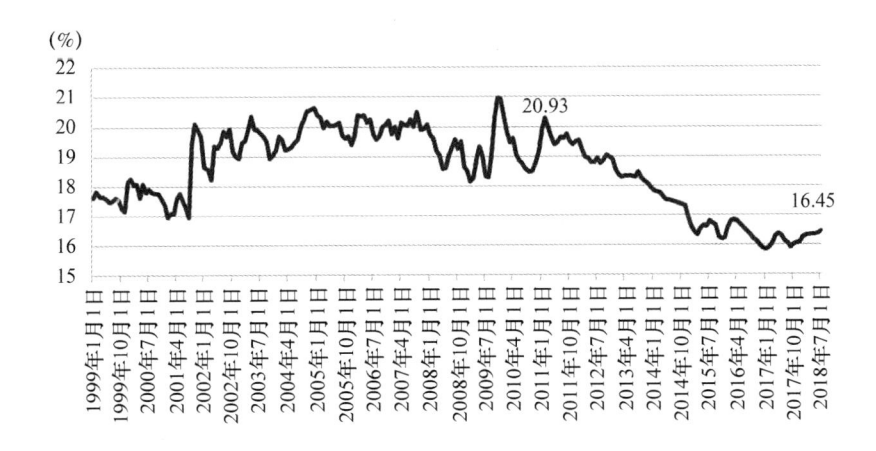

图3-3 美国对外贸易中知识产权服务业出口占服务业出口的比例

资料来源：Federal Reserve Economic Data，https://fred.stlouisfed.org。

因此，只要美国国内的储蓄小于投资，美元主导国际货币体系，长期内美国经济必然是外部逆差。再加上美国对外贸易的"技术禁售"，次贷危机之前的不平衡问题不会得到根本的解决。

◇二 美国发起的贸易摩擦等逆全球化措施，割裂了现有的全球贸易体系

1989年"华盛顿"共识作为新自由主义政策的典范，虽然是针对拉美经济改革与调整提出来的，但其倡导的市场开放和贸易自由化把经济全球化推向了顶峰。在2007年次贷危机之前的20年，世界贸易平均年度增长率是全球经济增长率的2倍（United Nations，2015）[1]，这一时期恰逢经济的"大缓和"（Great Moderation）时期，全球化带来的贸易和投资红利得到了尽情的释放。但次贷危机使经济全球化的红利骤然递减：逆周期的贸易政策进一步强化了经济需求的下降，导致全球贸易量急剧下滑，出现了所谓的贸易下降的"超调"或贸易的"大崩溃"（Baldwin，2009；Escaith，H.，et al.，2010）[2]。对此尽管有很多解释，但贸易摩擦无疑是导致这种结果的重要原因之一（Krueger，A.，2009）[3]，自由贸易的价值观被出于国内就业压力等原因的贸易

---

[1] United Nations, *World Economic Situation and Prospects*, http://www.un.org/en/development/desa/policy/wesp, 2015.

[2] Baldwin R., "The Great Trade Collapse: Causes, Consequences and Prospects", Centre for Economic Policy Research, 2009. Escaith H, et al., "International Supply Chains and Trade Elasticity in Times of Global Crisis", WTO *Working Paper*, ERSD-08, 2010.

[3] Krueger A., "Protectionism and the crisis", Published in: *The collapse of trade, murky protectionism, and the crisis: recommendations for the G20*, Edited by: Richard Baldwin and Simon Evenett. Published by A VoxEU.org Publication, 2009.

保护主义所取代，华盛顿共识得以封存。

美国不断"退群"以及凭借自己的地缘政治和经济优势，强行把自己说成现有国际贸易和投资规则的受害者，打着公平贸易的旗号，对自己的贸易逆差国以及其他国家不断施压，期望把"美国优先"转化为"利益优先"。美国的对外经济政策充满了经济民族主义和重商主义的色彩，破坏了运作良好的世界贸易和投资秩序。据英国经济政策研究中心（CEPR）2017年发布的《全球贸易预警报告》，自2008年次贷危机之后，美国累计出台限制贸易和投资的措施高达1191项，在G20中名列榜首。

因此，美国政府一系列的对外举措表明了美国必须改变世界贸易和投资规则。在贸易和投资上，美国通过签订双边自贸协议来割裂多边贸易体制。从目前的进展来看，北美自贸区、美韩自贸区、欧日自贸区已经签署。美国在不断施压欧洲和日本，达到签订美国满意的双边自贸协议的目的。因此，世界经济存在被分割成发达与不发达经济体两个贸易圈的风险。

发展中国家与发达经济体之间是否被贸易规则割裂，关键要看欧洲。欧洲是世界第二大经济区，仅次于北美自贸区。欧洲政治能否从依附美国走向自主将是决定重新全球化还是继续逆全球化的重要因素。美欧自贸区谈判的艰难在一定程度上反映出欧洲面临的"两难"权衡：军事政治上是否要打破传统的美欧同盟关系而自主；经济上是否要更多依靠发展中国家的市场，尤其是中国的大市场。欧洲大概率是一种折中政策，一方面对美国妥协

(比如近期德国答应购买美国的液燃气),另一方面需要中国的大市场来消化德国的高端制造业。

1960年声明实施RTAs、实际实施RTAs和声明实施以及不活跃的RTAs的数量分别为4个、3个和6个,到1990年这三者分别上升到48个、42个和87个。在20世纪80年代后期经济全球化兴起之后,RTAs的数量呈现快速增加态势。到2000年,这三者分别上升到186个、157个和269个。截至2018年10月28日,全球声明实施RTAs、实际实施RTAs和声明实施以及不活跃的RTAs的数量大幅增长到463个、289个和677个(图3-4)。

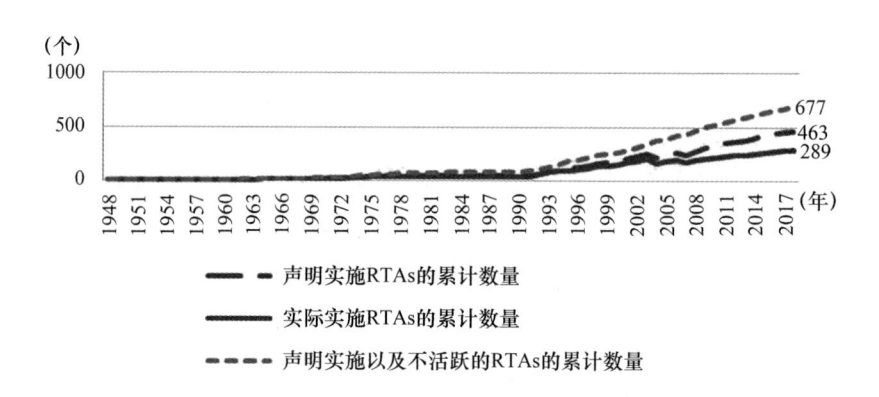

图3-4 区域贸易协定(RTAs)数量的变化(1948—2018)

注:声明实施RTAs是指:货物、服务以及进入一个RTA是分开计算的。实际实施RTAs是指:货物、服务以及进入一个RTA是一起计算的。所以声明的数量大于实际的数量。

资料来源:WTO. Secretariat. October 28, 2018。

这就是我们过去几十年看到的,一方面,区域化对全球化的替代导致了 WTO 对贸易的推动作用受到限制。多哈回合谈判自 2001 年以来就处于僵局，直到 2013 年 WTO 成立 18 年来才达成首份多边贸易协定。尽管 2013 年 WTO 成员国达成了"巴厘一揽子协定"，但是印度、古巴、玻利维亚、阿根廷、南非等国在 2014 年反对签署"巴厘一揽子协定"，直到 2014 年年底才实质性通过，但各国具体落实这个协定仍然存在不确定性。在这样一个达成协议的过程中，具有讽刺意味的是，在次贷危机爆发后，许多国家推出了一些在世界贸易组织框架允许范围的临时性国际贸易和国际投资保护主义措施，尤其是最发达的二十国集团成员国自 2008 年以来通过了 1000 多项贸易保护措施，到 2014 年只取消了 200 多项，出现了发展中国家推行贸易自由化，而发达国家推行逆贸易自由化政策的现象。

尽管 Groppo V. and Piermartini R. （2014）的研究表明[①]，WTO 的承诺机制降低了关税增加的可能性，并且其监督机制也降低了贸易政策的不确定性。但由于多哈回合多边贸易谈判在过去的 15 年中进展甚微，未能给国际贸易注入新的动力。地缘政治经济关系带来的区域经济一体化就成为世界各国的一个现实选择。区域自由贸易协定数量和规模都出现快速增长的态势。一些国家分别与其他国家或区域签署几个甚至几十个 FTA。FTA 的快速发展与 FTA 的高度灵活性以及 WTO 谈判的复杂性密切相关。

---

① Groppo, V. and Piermartini R., "Trade Policy Uncertainty and the WTO", WTO *Working Paper*, ERSD, No. 23, 2014.

FTA谈判比WTO框架内进行的多边谈判更容易达成协议；FTA所涉及的协定范围比WTO谈判所涉及的范围更加广泛；而且区域贸易协定可以凸显多元化、包容性特质。

另一方面，经济民族主义和重商主义思维背景下的跨区域贸易协定在进一步深化成员间合作的同时，也割裂了跨区域的经贸关系和经济的全球化。欧盟不断东扩并对俄罗斯实施经济制裁，美国重返亚洲战略的主导跨大西洋贸易和投资伙伴关系协定（TTIP）和新版跨太平洋伙伴关系协定（CPTPP）谈判等，都带有强烈的地缘政治色彩。亚洲也有多种复杂的FTA，彼此之间相互重叠，如中—韩—日自由贸易协定、东亚经济伙伴关系协定（RCEP）、日本—欧盟经济伙伴关系协定（EPA）等。FTA已经成为新型的跨区域主义的重要环节，区域经济一体化将在很大程度上代替了经济全球化。

三　出口导向经济发展方式存在一定的改变，发展内部需求成为所有经济体面临的重要问题，且外部调整都会带来一定的成本

贸易摩擦必然导致全球贸易量的缩减，那么出口导向型经济体的外部市场就会被压缩。这包括三个具体的方面，一是关税及非关税措施会抬高进口商品的价格，减少国际贸易量；二是限制

投资的措施必然导致长期国际资本跨境投资的缩减，打乱市场生产的全球化分工，导致贸易量的减少；三是通过签订双边自贸区协议，有碍第三方市场进入，导致全球分工体系的重新配置和供应链的缩短，也会降低国家贸易。尤其是自贸区协议中的原产地法则，规定自贸区内享有零关税的产品必须满足较高的本地化生产比例，明显阻碍了第三方进入。产业链的区域化将在一定程度上替代产业链的全球化。

由于美中贸易摩擦，中国对外贸易将受到一定的影响，贸易顺差存在大幅度降低的风险。中国贸易顺差主要来源于美国和欧洲，对其他国家大多数是逆差。图3-5显示了自2010年以来中国对外贸易顺差中美国和美欧所占的比例。可以看出除了2015—2016年外，其他年份中国对美国和美欧贸易顺差占比都在50%以上。

可见，中国在国际贸易顺逆差的结构是对美国、对欧洲是大规模顺差，对其他大多数国家逆差。这也意味着中国在国际贸易体系中处于中间方式：从发展中国家进口，然后向美欧出口。如果贸易摩擦导致美国可以找到中国产品的替代供应商，中国对外贸易顺差就会出现较快速的下降。事实上，从贸易角度来看，中美贸易紧密关系的变化是美国主动要求改变的，这种中国对美国大顺差格局的改变是美方长期坚持的目标。但由于中美经济已经深度融入全球分工体系，美国的进口商与中国的供应商之间形成了紧密的关系，美中进口商与出口商之间关系的特点是变更率

图 3-5 中国经济贸易顺差中美国和美欧所占的比例

资料来源：笔者依据 WIND 提供的数据计算。

低，45%的进口商在一年到下一年仍与原有的供应商保持关系，1/3 的美国进口商变更其供应商也是在中国的同一个城市内进行变更。因此，美国要想寻求新的供应商难度不小，但如果美国进口商能够降低变更供应商的成本，寻求到更匹配的供应商，美国进口商的进口价格将下降 14.7%，这也是美国主动打破中美贸易紧密关系的经济原因（Ryan, 2016）①。美国发起的贸易摩擦导致全球贸易量的下降会逐步显现出来。全球贸易量的下滑表明出口导向型经济这一发展方式要进行深度调整。对中国来说这种调整具有三重含义：一是通过"一带一路"倡议来开辟新的市场；二是重点放在如何有效利用国内市场的需求；三是如果中美

---

① Monarch, Ryan, "It's Not You, It's Me: Breakups in U. S. -China Trade Relationships", Board of Governors of the Federal Reserve System, *International Finance Discussion Papers*, No. 1165, 2016.

贸易顺差大幅度减少，应该考虑人民币"破7"来矫正对大多数国家的贸易逆差。

从经济史的角度看，在经济处于衰退时期一国实施逆周期的贸易保护政策是最优策略（Bagwell, K. and Staiger, R. W., 1995）[1]，这与历史上的经验有些相符[2]。美国和欧洲对俄罗斯的经济制裁恰逢全球经济复苏仍具有不确定的时期，也是全球贸易摩擦的高峰期之一。这个高峰期具有四个基本特点。一是贸易摩擦的数量快速增长。WTO在2014年《全球贸易检测报告》中指出，2013年全球新增407项贸易限制措施，较2012年的308项明显增多；全球其他贸易限制措施（主要是进口关税措施和海关程序措施）也由2012年的164项增至2013年的190项。并且相较于贸易救济措施以及其他贸易限制措施同比增长的趋势，全球新的贸易便利化措施则同比出现下降，全球贸易便利化措施从2012年的162项降至2013年的107项。[3] 二是贸易摩擦手段多元化。发达国家和地区针对贸易伙伴出现了一些新型的贸易保护

---

[1] Bagwell, K. and Staiger, R. W., "Protection and the Business Cycle", NBER *Working Paper*, No. 5168, 1995.

[2] 根据WTO的统计，1995—2008年期间，1998年爆发的亚洲金融危机和2008年爆发的国际金融危机成为全球货物贸易中的两个反倾销波峰，1999年、2008年发起的反倾销案件数量分别达到358起、209起，占该期间全球发起反倾销案件总量的14.1%；两次金融危机也形成了全球货物贸易中的两个反补贴波峰，1999年、2009年全球发起的反补贴案件数量分别达到41起、28起，占该期间全球发起反补贴案件总量的24.7%。参见：http://finance.eastmoney.com/news/1352,20130726309702646.html。

[3] 《世界贸易报告2013》，https://www.wto.org/english/res_e/publications_e/wtr13_e.htm。

措施，如"绿色贸易壁垒"①"蓝色贸易壁垒"②"特保条款""非市场经济条款""337 调查"③"301 调查"④ 和"碳关税"等。这些新型的贸易壁垒主要是由发达国家设置的。与传统的关税等贸易保护措施相比，这些贸易保护措施低调而隐秘，而后果同样严重。三是针对发展中国家的，尤其是中国的贸易摩擦数量急剧上升。从 2006 年开始的连续八年，中国是遭受反补贴调查最多的国家，全球每年新发起的反倾销案件的 30% 以上直接针对中国，全球每年发起的反补贴调查的 70% 针对中国。⑤ 四是技术障碍成为新贸易摩擦的主力军（WTO，2013）⑥。主要是发达国家或地区采取更高的技术标准障碍来提高发展中国家进入市场的标准。这也是发达国家不喜欢自由贸易，而发展中国家推崇自由贸易的真实表现。

---

① 在国际贸易活动中，进口国以保护自然资源、生态环境和人类健康为由而制定的一系列限制进口的措施。

② "蓝色贸易壁垒"是指以劳动者劳动环境和生存权利为借口采取的贸易保护措施。蓝色贸易壁垒由社会条款而来，是对国际公约中有关社会保障、劳动者待遇、劳工权利、劳动标准等方面规定的总称。蓝色贸易壁垒的核心是 SA8000 标准，强调企业在赚取利润的同时，要承担保护劳工人权的社会责任。

③ 337 调查是指美国国际贸易委员会根据美国《1930 年关税法》第 337 节及相关修正案进行的调查，禁止的是一切不公平竞争行为或向美国出口产品中的任何不公平贸易行为。

④ 301 调查是指《1988 年综合贸易与竞争法》第 1301—1310 节的全部内容，其主要含义是保护美国在国际贸易中的权利，对其他被认为贸易做法"不合理""不公平"的国家进行报复。

⑤ 商务部官员，《国际贸易摩擦或将成新常态》，http：//finance.chinanews.com/cj/2014/09 - 29/6644127.shtml。

⑥ WTO, World Trade Report, *Factors shaping the future of world trade*, 2013, http：//www.wto.org/english/res_ e/booksp_ e/world_ trade_ report13_ e.pdf.

在全球经济复苏仍具有不确定性、地缘政治摩擦加剧等因素的共同作用下，贸易摩擦常态化还会延续，逆周期的贸易政策会继续盛行。这种逆周期贸易政策的盛行，将恶化所有国家的外部贸易和金融环境。Bertrand G.，et al.（2018）的研究表明①，强劲的外部需求条件和金融条件能够显著促进新兴经济体的增长加速，而且可以降低经济体的增长反转风险。因此，在全球贸易摩擦的背景下，外部贸易和金融环境的恶化，无疑会倒逼新兴经济体重视内部市场潜力的挖掘，走内外相对平衡的增长之路。

尽管可以通过调整来走内外相对平衡增长的道路，但外部不平衡调整带来的成本不容忽视。从历史经验看，一国要降低贸易逆差可以通过产出的下降或者说国内收入的下降来降低进口，从而降低外部赤字。典型的例子是1994年墨西哥债务危机、1997年东南亚金融危机和2001年的阿根廷金融危机。表3-3给出了收入法（吸收法）降低外部赤字的历史案例，我们可以发现，在危机前后一年GDP急剧下降，同时伴随着进口的大幅度下降，从而达到了经常账户改善的目标，但其成本巨大：这些国家危机后一年经常账户的改善都是以收入（GDP）急剧下降为代价，并不是通过进口急剧减少来实现外部逆差的大幅度缩小或者逆转的。像韩国、泰国和阿根廷危机

---

① Bertrand Gruss, Malhar Nabar, and Marcos Poplawski-Ribeiro, "Growth Accelerations and Reversals in Emerging Market and Developing Economies: The Role of External Conditions", IMF *Working Paper*, No. 52, 2018.

后一年的 GDP 增速大幅度下降,均出现了 6% 以上的负增长,而进口均下降了 20% 以上。

表 3-3 通过收入法(吸收法)降低外部不平衡的历史案例　　　单位:%

	墨西哥	韩国	泰国	马来西亚	阿根廷
金融危机时间	1994 年	1997 年	1997 年	1997 年	2001 年
危机前 1 年贸易余额/GDP	-6.82	-3.98	-8.03	-4.12	-2.96
危机后 1 年贸易余额/GDP	-0.45	10.70	12.53	12.29	7.93
危机前 1 年 GDP 增长率	1.95	6.70	5.90	10.00	-0.79
危机后 1 年 GDP 增长率	-6.17	-6.85	-10.51	-7.36	-10.90
危机前 1 年货物进口增长率	13.41	15.74	1.12	7.22	-2.42
危机后 1 年货物进口增长率	-11.48	-25.77	-24.07	4.55	-53.20

资料来源:IMF, World Economic Outlook Database (2018)。

用成本法来降低外部不平衡难度同样很大。首先,工资的上涨具有一定的刚性,用工资的大幅度下降来提升产品的国际竞争力,改善经常账户,不符合改善国民福利的目标,也会引发社会动荡;反之,工资的快速增长会降低劳动力成本的比较优势,从而降低外贸顺差,但会对劳动力结构的调整带来显著的压力(Autor, et al., 2016)[1]。其次,大宗商品的国际成本是由国际市场来控制。因此,几乎不存在主动使用成本法来调整外部不平衡的案例。

---

[1] Autor, D. H., Dorn, D. and Hanson, G. H., "The China Shock: Learning from Labor Market Adjustment to Large Changes in Trade", NBER *Working Paper*, No. 21906, 2016.

当然，汇率调整法也是一种可以选择的方法，汇率调整法也具有明显的成本。像上述东南亚通过金融危机（汇率大幅度贬值）来调整的方法成本巨大。即使不考虑危机样本，用汇率贬值来刺激出口会导致贸易伙伴货币操纵的报复，同时也会由于汇率贬值带来进口通胀和资本外流的压力。

可见，在全球不平衡调整的进程中，出口导向型经济体在重视内需的同时，要充分认识到外部调整的成本，寻求成本最小的方法来矫正外部不平衡。从外部调整成本的角度来说，外部再平衡对世界经济的短期增长必然会带来一定的负面影响。

◇◇ 四 国际货币体系很难发生巨变，美元主导、欧元追随的国际贸易和投资结算体系将持续相当长的时间，但国际货币体系也在悄然发生一些变化

目前的美元体系本身不具备大变革的内在动力。从物本位向信用本位发生巨变的历史进程表明，当最重要的国家一旦卷入战争，国际货币体系会发生巨变；当中心国家完全实施以自我为中心的财政和货币政策时，国际货币体系也会发生巨变（物本位向信用本位的转变），但这一历史性的经验目前已经发生了变化。在20世纪80年代初期和90年代中后期多发的新兴市场金

融危机中，不论是债务问题导致的（80 年代初拉美国家债务危机），还是国际组合投资逆转带来的（90 年代中后期的东南亚货币危机），都没有带来现有的美元国际货币体系的瓦解。根本原因有三点：其一，大国总是拒绝国际货币体系改革以免丧失国际货币的垄断权（蒙代尔，1994）[1]，并总能在实践中通过修修补补来维持现有体系，如增加 SDR 来增加国际流动性；通过债务减免或债务延期安排等措施来缓解债务危机；有限提高全球经济新兴增长极在 IMF 中的话语权；等等。其二，国际货币体系千年史表明，政府总是不愿意看到国际货币关系的剧烈变化带来不确定性冲击（Eichengreen, B. and Sussman, N., 2000）[2]，换言之，人们对国际货币体系的使用具有惯性。其三，当前国际货币体系是以美元体系为主导，当美元走强时，外围国家没有改革国际货币体系的兴趣。首先，美元走强降低了外围国家美元计价的贸易品价格，提高了外围国家产品出口的竞争力；其次，当外围国际累积的外汇储备越来越多时，美元贬值带来的央行资产负债表上的美元资产损失可能是巨大的[3]，这已经成为减缓国际货币

---

[1] ［美］蒙代尔·R.：《国际货币：过去、现在和未来》，《蒙代尔经济学文集》第六卷，向松祚译，中国金融出版社 2003 年版。

[2] Eichengreen, B. and Sussman, N., "The International Monetary System in the (very) Long Run", IMF *Working Paper*, No. 43, 2000.

[3] 一项研究表明，亚洲部分国家和地区美元贬值对央行资产负债表的恶化是巨大的。如美元贬值 10%，带来的资产损失高达 GDP 的 3%—10%。（Higgins Matthew and Klitgaard Thomas, 2004, Higgins Matthew and Klitgaard Thomas, 2004, "Reserve Accumulation: Implications for Global Capital Flows and Financial Markets", *Current Issues in Economics and Finance*, No. 10, Federal Reserve Bank of New York.）

体系巨变的重要因素。最后，美元走强也符合美国继续维持国际货币体系的长期战略。当美元走弱时，美国没有足够的筹码来减少国际货币体系改革的成本。一是，美元走弱降低了美国外债的美元价值，估值效应使得不需要原来数量的资本流入就能够维持外贸账户赤字的可持续性①；二是，美元走弱本身也有利于调整美国经常账户的不平衡。而从外围国家来说，由于大多贸易以美元计价，弱势美元有助于提高外围国家之间的贸易增长（Goldberg and Tille, 2008）②。总体上，从美元对其他货币币值的走势来看，尚不存在国际货币体系改革的最佳时间。因此，即使是美国愿意对自身的财政赤字政策施加约束，但由于国际分工的刚性和现有格局下不平衡结果的惯性，以美元为主导的国际货币体系本身也不可能发生巨变。

在上述判断下，尽管存在众多的认为目前外部不平衡是不可持续的观点，例如，美国国内信贷融资假说论。当美国家庭财务结构不允许其通过银行信贷进一步消费时，国际借贷成为软约束，国内借贷成为硬约束。居民国内借贷下降带来的消费下降迫使居民降低边际和自愿性消费，使得亚洲向美国银行的国际信贷

---

① 比如，2002—2006年美国经常账户累计的赤字高达32050亿美元，但对应的净国际投资头寸的变化只有6200亿美元，汇率变化占了6180亿美元，资产价格变化和其他资本所得占了19670亿美元。资料来源：Bureau of Economic Analysis。

② Goldberg Linda S. and Tille Cédric, "Macroeconomic Interdependence and the International Role of the Dollar", NBER *Working Paper*, No. 13820, 2008.

变得多余，该体系难以进一步维持（Palley，2006）[①]。又如，外围国家维持该体系的高成本论。除了储备损失外，尤其是中国为了稳定资本流入及其带来的对国内货币政策冲击的高成本将会使中国放弃低估的汇率体系（Goldstein and Lardy 2005）[②]，等等。这些研究分别从美国国内和国际两个渠道来论证美国外部不平衡融资的不可持续性，反映了维持目前国际货币体系存在的一些问题。但这些问题尚不足以导致国际货币体系的巨变。首先，从技术上说，外围国家不可能长期坐等美元贬值带来的资产损失；而在战略上，美元持续贬值也不符合美国维持并加大主导现有国际货币体系的战略。其次，美国国内居民的储蓄也会缓慢上升，而且随着大量的外汇储备通过国家主权财富基金的途径实施区域化和本地化的投资倾向，会在一定程度上减缓流入美国的压力；最后，"中间范式"目前运作良好。因此，上述认为美国外部不平衡的问题均是在技术上可以缓解或克服的问题，不足以构成国际货币体系巨变的动因。美元是美国的，问题是世界的，美元体系暴露出来的种种不公正一直饱受诟病。

尤其是2008年以后，国际社会对美元在国际货币体系中"一家独大"的现状及其伴生的各种弊端深感担忧，新兴经济体

[①] Palley, Thomas I., "Financialization: What it is and Why it Matters", Levy Economics Institute *Working Paper*, No. 525, 2007.

[②] Morris Goldstein and Nicholas R. Lardy, "China's Role in the Revived Bretton Woods System: A Case of Mistaken Identity", Institute for International Economics, *Working Paper*, No. 2, 2005.

也很不满它们在国际货币体系中缺乏与其经济体量匹配的话语权。之后,一些改革被提出并付诸实践,如IMF、世界银行中发展中国家的投票权得到适当的调整,人民币的"入篮"丰富了国际货币的组成等。但是,国际货币体系中美元占绝对主导地位这一本质特征并没有被改变,排名第二的欧元囿于欧元区本身的制度安排、内部经济等问题,无法对美元构成实质性的挑战。

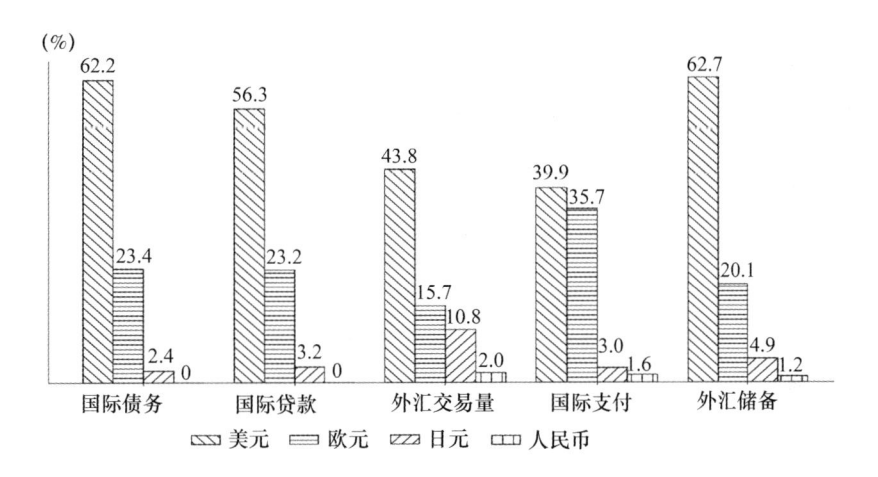

指标	美元	欧元	日元	人民币
国际债务	62.2	23.4	2.4	0
国际贷款	56.3	23.2	3.2	0
外汇交易量	43.8	15.7	10.8	2.0
国际支付	39.9	35.7	3.0	1.6
外汇储备	62.7	20.1	4.9	1.2

图3-6 美元主导的国际货币体系现状

资料来源:欧央行报告 The international role of the euro,June 2018。为2017年第四季度,数据经刘凯整理。

如图3-6所示,从国际债务、国际贷款、外汇市场交易、国际支付和外汇储备等重要衡量货币体系的指标来看,美元占据了主导地位。截至2017年年底,以美元计价的国际债务、国际贷款的占比高达62.2%和56.3%;以美元计价的外汇市场交易、国际支付占比也达到43.8%和39.9%;而体现国际货币体系关键的指标外汇储备美元更是高达62.7%。欧元在国际债务、国际贷款和外汇储备上都占据了20%以上的份额，且在国际支付上占比达到35.7%，接近美元39.9%的比例，出现了欧元紧追美元的局面。可见，现有的国际货币体系是美元主导、欧元追随的格局，其他的货币尚不具备追随的能力。

从最近的货币支付数据来看，在货币支付方面，也同样显示了美元主导、欧元紧追的格局（表3-4）。2018年7—9月，美元日均支付占全球货币支付的比例为39.45%，欧元占34.50%。

表3-4　2018年7—9月全球主要货币支付的比例　　单位:%

货币	7月	8月	9月
美元	39.66	39.69	38.99
欧元	34.65	34.13	34.71
英镑	7.26	6.88	7.35
日元	3.53	3.43	3.44
人民币	1.89	2.12	2.04
加元	1.80	1.70	1.69
澳元	1.60	1.48	1.48
港元	1.51	1.74	1.54
其他货币	8.10	8.83	8.76

资料来源：环球银行金融电信协会。

在美元主导国际货币体系的格局中，最近出现的一些新现象值得关注。首先，随着美国政府债务的不断增长，外国投资者持有美国政府债券的数量在边际上快速递减。2017年8月到2018

年8月国外投资者持有美国政府债券的数量仅仅增加了378亿美元（图3-7）。其中第一和第二大持有国家的中国和日本在过去一年分别减持了366亿美元和718亿美元。因此，相比美国政府债务在过去一年增长了1.27万亿美元来说①，外国投资者对吸收美国政府债务的边际偏好发生了重大转变：美国政府债券对国际投资者的吸引力在急剧下降。这意味着美国政府债务的边际增加给金融市场带来的边际风险可能是急剧增加的。

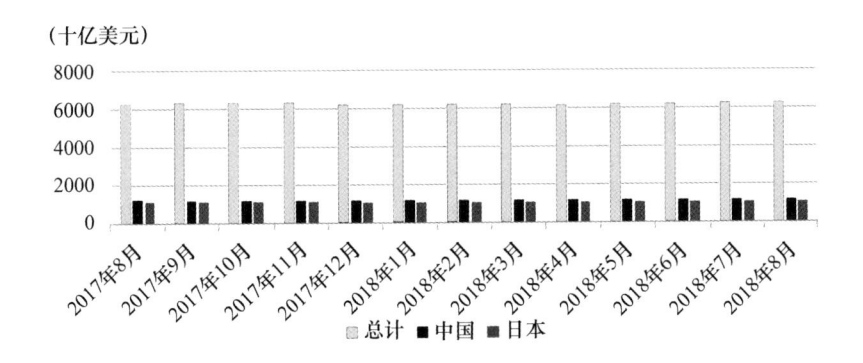

图3-7 外国投资者持有美国政府债券的数额

资料来源：U. S. Federal Reserve Economic Data. https：//fred. stlouisfed. org。

其次，持有美国国债的外国投资者比例在下降。图3-8显示外国和国际投资者持有的比例最高时达到1/3（2014年第二季度最高达到34.14%），此后有所下降，到2018年第一季度外国

---

① 2017年9月—2018年9月，美国政府发行在外的债务数量从20.245万亿美元增加到21.561万亿美元，增加了约1.27万亿美元。数据来源：Historical Debt Outstanding, https：//www. treasurydirect. gov/govt/reports/pd/histdebt/histdebt_ histo5. htm。

投资者持有的美国政府债券的比例为29.5%（图3-8），下滑了4.64个百分点。换言之，当前21.1万亿美国政府债务中有6.22万亿政府债务是外国投资者持有的。尽管美国政府债券是美国提供国际流动性的重要方式之一，它仍然是美国国内和国际投资者青睐的重要投资品种之一，但外国和国际投资者持有美国政府债券的比例自2014年2季度以来出现的趋势性下滑，无疑增加了国际投资者对美国政府债务高企的担忧，这有利于降低美元主导国际货币体系的程度。

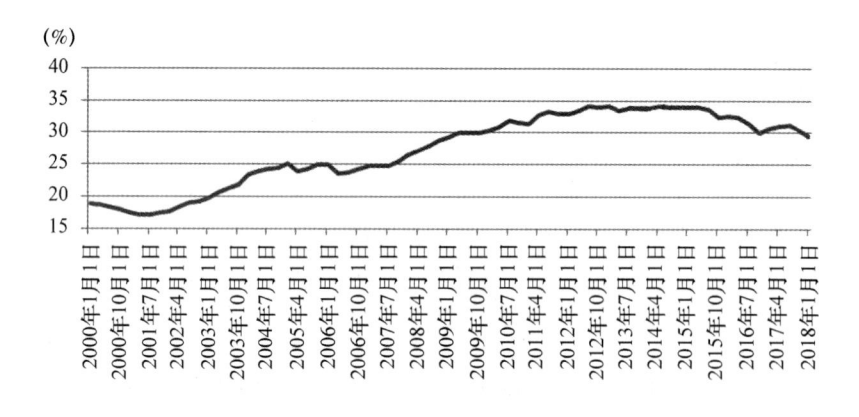

图3-8 外国和国际投资者持有美国政府债券的比例

资料来源：U. S. Federal Reserve Economic Data, https://fred.stlouisfed.org。

最后，世界各国货币采取各种形式与美元"挂钩"的货币数量在过去十年显著减少，与欧元"挂钩"的货币数量基本保持稳定。与美元"挂钩"的货币从2008年的65个减少到2017年的40个，尤其是盯住美元的汇率制度安排数量大幅度下降。2008年全球"盯住美元的汇率制度就是盯住制度"安排达到36

个，而到 2007 年剩下 15 个（表 3-5）。这说明各国更多选择了更加灵活的汇率制度安排。

表 3-5　　世界各国货币与美元"挂钩"的货币数量

年份	2017	2016	2015	2014	2013	2012	2011	2010	2009	2008
美元化经济体	6	8	8	7	8	8	8	8	7	7
货币局制度	9	9	9	9	9	9	9	9	9	8
盯住制度	15	15	16	15	14	14	14	15	15	36
稳定化安排	5	4	6	7	8	7	12	12	11	0
浮动盯住制度	2	2	2	1	1	1	1	2	4	6
其他制度	3	2	2	4	5	5	5	5	9	8
总计	40	40	43	43	45	44	49	51	55	65

资料来源：IMF 报告 *Annual Report on Exchange Arrangements and Exchange Restrictions*，经刘凯整理。

欧元是仅次于美元的国际货币，在国际货币市场上也有举足轻重的地位。它是除美元之外的另一个"货币锚"，有 30 个左右经济体的货币与欧元"挂钩"（表 3-6），这些国家主要是非洲国家，它们几乎都曾是欧洲国家的殖民地，与殖民宗主国保持着较为密切的经济联系。

表 3-6　　世界各国货币与欧元"挂钩"的货币数量

年份	2017	2016	2015	2014	2013	2012	2011	2010	2009	2008
欧元化经济体	3	3	3	3	3	3	3	3	2	2
货币局制度	2	2	2	3	3	3	3	4	4	4
盯住制度	19	20	20	20	21	21	21	21	20	20

续表

年份	2017	2016	2015	2014	2013	2012	2011	2010	2009	2008
稳定化安排	3	2	1	1	2	1	1	2	2	0
浮动盯住制度	0	0	0	0	0	0	0	0	0	2
其他制度	0	1	1	2	2	1	1	0	1	0
总计	27	28	27	29	31	29	29	30	29	28

资料来源：IMF官网，数据经刘凯整理。

特朗普上台后开始强调"美国优先"战略，维护国际金融市场稳定的责任也让位于本国的一己之私利。例如从维护自由贸易转向坚持所谓的"公平贸易"，频繁使用金融制裁手段来解决地缘政治问题。美国战略的转向势必会在一定程度上影响美元的国际货币地位。2018年9月欧盟委员会主席容克在《欧盟咨文》中提出要让欧元成为能与美元抗衡的货币，法德等国还在酝酿打造一套独立于SWIFT的国际支付、清算系统（SPV），防止欧盟受制于实质上被美国控制的SWITF系统。

美国近年来对委内瑞拉、伊朗、土耳其、俄罗斯等国采取的金融制裁行为，一方面对制裁国家的金融体系、经济发展造成严重打击，甚至演化成地区性金融危机；另一方面也已经迫使这些被制裁国家放弃美元支付手段，采取其他一揽子货币来支付。

应该说，当前金融体系的演变已经落后于全球经济多极化的变化，这就是美元体系存在的刚性：金融活动与经济活动之间的不对称性。新兴经济体在全球经济活动中的份额在60%左右，但金融资产的份额只有40%。中国、俄罗斯、法国、土耳其、委内瑞拉、印度等约 20 个国家采取一种或者多种办法来公开去美元化。因此，国际货币体系正在悄然发生一些比较重要的改变。

◇五 美国期望通过"去外国 FDI"和美国企业资金回流来达到重振美国制造业和实现制造业本地化的双重目的

20 世纪 80 年代以来，以美国为代表的发达国家通过"外包"等形式的"去工业化"现象非常明显。这一点首先可以从制造业进口占美国货物进口的比例中得到验证。1962 年美国制造业进口占货物进口的比例只有大约 40%，随后出现明显的上升趋势，1981—1990 年这一比例达到 68.31%，1991—2000 年达到了 78.09%。外包导致的"去工业化"使得美国需要大量进口制造业产品。这一比例随后有所下降，但即使是 2001—2017 年也高达 70% 以上（图 3-9）。因此，美国国内市场严重依赖国外的制造业产品。

另外，依据联合国的数据[①]，1970 年美国、德国和日本制造业增加值占整个经济增加值的比例分别为 24.4%、33.3% 和 33.7%；到 2011 年分别下降至 12.6%、22.6% 和 19.1%。2008

---

① 资料来源：United Nations Statistics Division, National Accounts Main Aggregates Database。

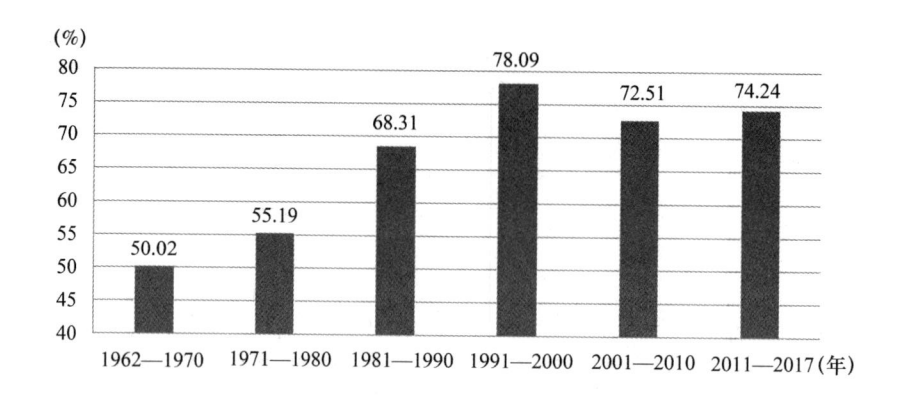

图 3-9　美国制造业进口占其货物（商品）进口比例的变化

资料来源：World Bank，World Development Indicators，2019/1/30。

年次贷危机爆发后，出于对就业压力和制造业过度流失的担忧，发达国家开始实施"再工业化"战略，也称"制造业回归"。尽管存在劳动生产率的提升和一些投入成本的下降，但发达国家"再工业化"不再仅仅是传统制造业的简单回流，而是通过将制造业发展上升为国家战略，大力推动制造业的智能化、"低碳化"，实施制造业的升级与换代。

（一）自奥巴马提出"重振美国制造业"后，基本遏制住了制造业在美国经济中比重下滑的态势

依据美国经济研究局（BEA）的数据，1940—1947 年美国国内制造业利润和存货占美国国内所有产业的利润和存货的年均比例为 55.55%，其中耐用品制造业占比 28.93%。随着工业化进程的完成，制造业在美国经济中的占比逐步下降，尤其是经过 20 世

纪80年代的外包带来的"去工业化",2000年制造业增加值占GDP的比例只有15.12%,其中耐用品制造业增加值占GDP的比例仅为9.01%。在2008年次贷危机爆发时,制造业和耐用品制造业增加值占GDP的比例分别为12.33%和6.76%。奥巴马上台提出"再工业化"战略,但也没有能够提高制造业在美国经济中的占比。2017年制造业和耐用品制造业增加值占GDP的比例分别为11.57%和6.28%,而2018年第一季度这两者的比例分别为11.67%和6.29%。虽然奥巴马没能重振美国的制造业,但基本遏制了美国制造业在GDP中占比下滑的态势。特朗普上台后的一年多时间里,从2018年第一季度的数据看,美国制造业也基本上保持过去两年的态势,有非常轻微的上升(图3-10)。

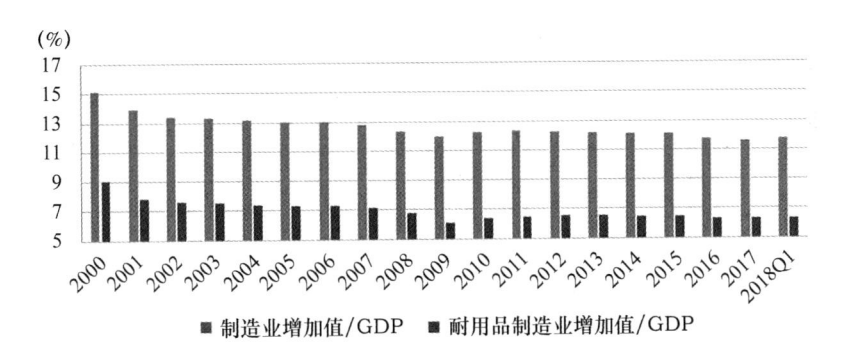

图3-10 制造业和耐用品制造业增加值占美国GDP的比重

资料来源:U. S. Bureau of Economic Analysis。

据BEA的数据,2018年第一季度,制造业名义总产出为6.347万亿美元(季度调整年率),而实际增长2.4%;名义增加值达到2.33万亿美元(季度调整年率),占GDP的11.7%,但实际增加值同比增长3.4%，为第一季度实际GDP贡献了2个百分点增长率中的0.4个百分点[①]。这就说明制造业对第一季度GDP增长的贡献率达到了20%，其中耐用品制造业和非耐用品制造业各占一半。

同时，一方面是一些一般性的制造业企业回流至发达国家。像美国福特汽车、科尔曼、NCR、ET水系统、AMFOR等制造企业，已开始将生产线或工厂从中国转移到美国劳动力成本相对较低的南部地区。麻省理工学院（2013）调查了108家拥有跨国经营业务的美国制造企业，发现约有14%的美国公司已经准备将生产工厂迁回美国，有1/3的企业正在积极考虑回迁问题。[②] 英国制造业回流也呈现类似趋势，根据英国商业部下属的制造业顾问服务协会对500家中小企业的调查表明，15%的受调查企业计划将位于中国等地的生产转移回英国国内，仅有4%的受调查企业计划将生产转移到海外。[③] 日本也试图通过日元贬值来推动日本制造业的繁荣。应该说这些一般性制造业的回归，与页岩油气革命带来的相对廉价的能源和这些国家与新兴国家在劳动力成本上差距缩小等因素密切相关。[④]

---

① https：//apps.bea.gov/industry/factsheet/factsheet.cfm.
② Reshoring Manufacturing：Coming Home，The Economist，January19，p.15，2013.
③ 《英国制造业从中国等国"回流"势头加快》，http：//www.mofcom.gov.cn/article/i/jyjl/m/201311/20131100404109.shtml。
④ 2002—2011年，在主要发达国家（G7集团）中，美国是唯一经历了单位劳动成本下降的国家。而在同一时期，作为世界第一制造业大国的中国，却出现了劳动力成本上升快于生产率提高的势头。能源成本上升也在侵蚀中国的制造业竞争力。根据波士顿咨询集团的研究，从2004年到2014年，中国工业用电成本上升66%，天然气成本飙升大约138%。

另一方面是，在全球范围内，发达国家正在大力推行"升级版"的制造业战略，典型的是德国将"工业4.0"纳入国家发展战略层面，掀起了一场德、美工业智能化的竞赛。美国实施了"先进制造业伙伴计划"，通过加大财政预算用于创新制造工艺、尖端材料等领域的研发，以确保美国在先进制造业上的竞争优势。事实上，在过去的数十年中，这些国家在高技术行业上一直保持着强劲的研发强度。表3-7显示，美国在制造业高技术行业的研发强度最高，其高技术制造业增加值的30.72%投入了研发；其次是日本、德国和英国，把高技术制造业增加值的大约25%投入了研发；韩国高技术制造业也把大约17%的增加值投入了研发。

表3-7 部分OECD国家不同技术的制造业的研发强度（年度简单平均值）

单位：%

	美国	德国	日本	英国	韩国
高技术	30.72	23.30	25.44	23.18	16.98
中—高技术	9.69	9.93	13.60	7.18	7.51
中—低技术	NA	1.84	3.27	1.74	1.87
低技术	1.35	0.78	2.04	NA	1.13

注：（1）美国的高技术是1995—2007年数据，中高技术是1995—2008年数据，低技术是1999—2007年数据；德国数据样本为1995—2008年数据；日本高技术、中—高技术、中—低技术样本数据为1995—2008年；英国数据样本为1995—2006年；韩国高技术以及中—高技术样本是1995—2006年数据。其余数据样本为1995—2009年。（2）技术层次的划分按照OECD标准。

资料来源：OECD, Dataset: STAN Indicators。

可见，发达国家和地区的"再工业化"是两翼齐飞的：页岩油气等因素带来的成本下降导致非高技术制造业回归；国家层面的推动和高强度的研发推动"升级版"制造业的兴起。发达国家和地区的制造业回归和升级或将成为现实。

（二）美国希望通过收紧外国在美国的FDI和资本回流来对冲外国流入资本的下降

美国一直是吸收FDI最多的国家。根据BEA的数据，截至2017年年底，外国在美国的FDI头寸达到4.03万亿美元，这一存量是1997年的5.9倍，即使与2008年相比也增加了一倍。图3-11揭示了外国FDI制造业存量占总存量比例的变化。可以看出，在次贷危机的前两年（2005）达到最低点30.6%，2008年次贷危机爆发时这一比例也只有31.8%。自奥巴马上台后提出重振美国制造业战略，外国FDI在美国制造业中的占比也出现了明显的上升，在2016年重新达到40%以上，即使在2017年也基本维持在40%左右的水平。因此，外国FDI的流入对于美国制造业的发展来说至关重要。

2018年第一季度流入美国的FDI有636亿美元，而到了第二季度美国出现四年以来的首次净流出，流出了约82亿美元（图3-12）。在2014年第一季度美国也出现了更大规模的FDI净流出，净流出高达729亿美元，但在第二季度至第四季度出现了较大规模的净流入，全年还是有2120亿美元的FDI净流入。

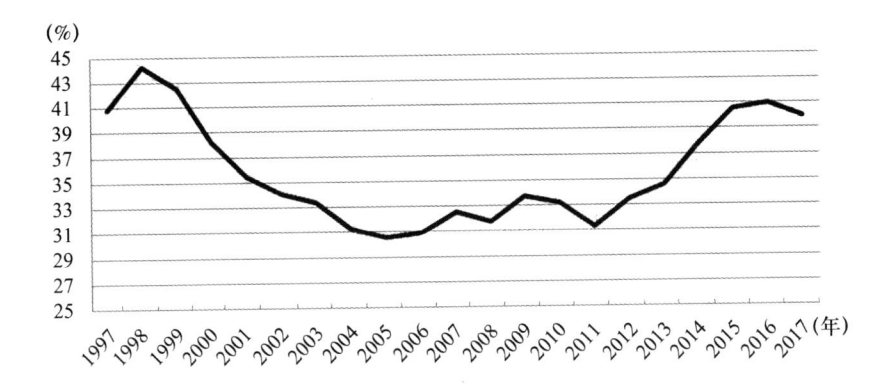

图 3-11 外国在美国 FDI 制造业存量/所有产业存量的比例变化

资料来源：BEA, Foreign Direct Investment in the U.S., Foreign Direct Investment Position in the United States on a Historical-Cost Basis。

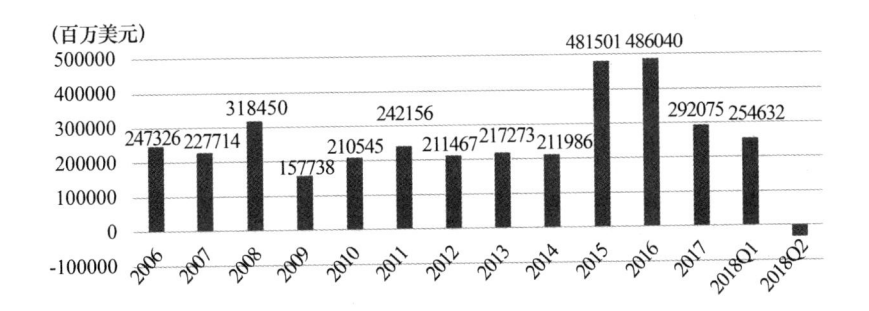

图 3-12 在美国的外国直接投资 [资产，流量，季节性调整年率 (Seasonally Adjusted Annual Rate)]

资料来源：Board of Governors of the Federal Reserve System (US)。

FDI净流出反映了外国投资者对美国收紧外国在美投资环境的担忧。2018年年中，美国完成了美国外资投资委员会（CFIUS）十余年来的首次改革，并在8月通过了外国投资风险审查现代化法案（FIRRMA），为未来国际投资者对美进行投资增加了更多的限制条款。

依据中国国务院新闻办公室发布的《关于中美经贸摩擦的事实与中方立场》白皮书中的数据，2013—2015 年，美国外国投资委员会共审查 39 个经济体的 387 起交易，被审查的中国企业投资交易共 74 起，占 19%，连续三年位居被审查数量国别榜首。从近年来美国否决和阻止中国企业投资的数据来看，美国外国投资委员会对华投资审查范围已从半导体、金融行业扩大至猪饲养等食品加工业。因此，中国在美国的直接投资将会大幅度下降。根据 BEA 最新数据，2018 年第一季度中国对美国的 FDI 流出了 6.07 亿美元，第二季度中国流入美国的 FDI 为 3.71 亿美元。从总量上看，2008 年至 2018 年第二季度流入美国的 FDI 总量高达 2.74 万亿美元，中国流入美国的 FDI 数量为 405.14 亿美元，仅占流入美国 FDI 总数量的 1.48%，同期美国 FDI 来自欧洲的数量为 1.82 万亿美元，比例高达 66.24%。[①]

进一步从外国在美国新的 FDI 每年的支出类型来看，绝大多数资金都是从事并购活动。1994—2008 年在美国境内从事并购的 FDI 占美国当年流入 FDI 的年均比例为 87.16%，每年新的 FDI 在美国新建企业的资金比例仅占流入 FDI 资金的 12.84%。2014—2017 年流入美国的 FDI 从事并购的资金占当年新流入 FDI 资金的年均比例高达 96.26%，流入的 FDI 资金用于新建企业的

---

① 笔者依据 BEA，Foreign Direct Investment in the United States: Country and Industry Detail for Financial Transactions（2008—2018）的数据计算。

只有2.79%,剩下的0.95%用于已有企业的规模扩张(图3-13)。可见,外国进入美国的FDI从事的基本上是并购行为。

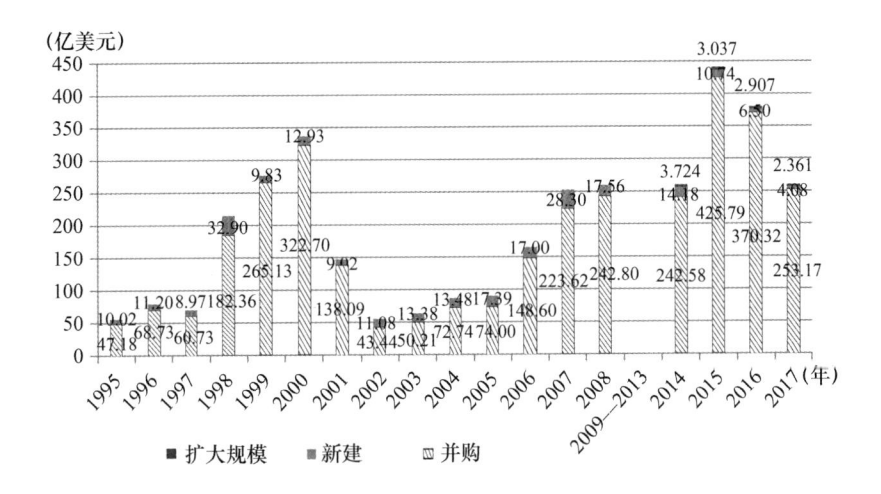

图3-13 外国流入美国的FDI每年支出的类型

注:扩大规模的数据仅包括2014—2016。

资料来源:U. S. Bureau of Economic Analysis。

从最近几年美国境内的FDI流入总量来看,在经历2015—2016年大规模的增长后,出现了快速回落。2015年约有4396亿美元的FDI流入美国,其中约4258亿美元在美国境内从事企业并购活动,这种大规模的并购无疑增加了美国人的心理压力。到了2017年在美国境内从事并购的FDI下降到约2532亿美元,与2008年的2428亿美元基本持平。从流入美国的FDI投资产业来看,投资制造业一直占有较大的比重。2014—2017年均占比达到了48.14%,在2015年更是高达66.07%(图3-14)。

当国外流入美国的FDI大幅度下降,且FDI投资在制造业上

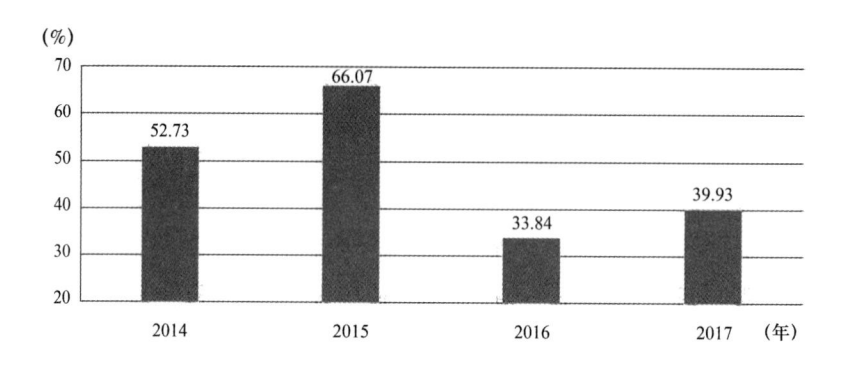

图 3-14　流入美国当年的 FDI 在制造业投资上的占比

资料来源：笔者依据 U. S. Bureau of Economic Analysis 提供的数据计算。

的比重大约为 40%，如果没有其他的资金流入美国，美国制造业的重振只能是纸上谈兵。一个值得关注的现象是，在 2018 年第二季度美国出现 94.89 亿美元 FDI 净流出的同时，制造业吸收了 906.79 亿美元的净流入，而第一季度为 287.84 亿美元。[①] 为了吸引更多资金流入美国，特朗普进行了大规模的税制改革，尤其是美国企业海外资金回流美国所需缴纳的税率大幅度下降，用以吸引美国企业在海外的资金回流。

数据显示，美国确实通过税制改革，尤其是海外资本回流征税的改革等形式吸引美国企业的资金回流。2017 年年底的税改对美国企业累积存留的所有海外利润均一次性收税（流动资产为 15.5%，非流动资产为 8%），以后则采用属地税收原则。对

---

① 这里的数据是没有经过季节调整、没有经过当前成本调整的数据。数据来源：Foreign Direct Investment in the United States: Country and Industry Detail for Financial Transactions, 2018。

于美国公司而言,无论资金是否回流都要征税,此前单纯因避税而考虑留存海外的资金更有可能回流美国。美国商务部公布的最新数据显示了 2018 年第二季度美国企业共从海外汇回 1695 亿美元,而 2018 年第一季度回流的资金高达 2949 亿美元,是过去几年正常水平的 7—8 倍。另据美国经济分析局(BEA)提供的美国整体宏观层面累积的 3.7 万亿美元的国际再投资利润(reinvested earnings)可以作为企业海外存留利润的一个估算参考,可以判断美国海外留存的利润在 3 万亿美元以上。因此,特朗普税改中的属地税收原则将促使在海外的美国企业把部分盈余资金回流美国,美国税改对其他国家确实存在较大的溢出效应。[①]

◇◇ 六 所有经济体都将面临公司所得税和关税的内外"双税"竞争局面,降低税率成为各国政府增加本国经济国际竞争力的时尚手段

(一)大幅度降低公司所得税成为一种吸引外资、提升企业国际竞争力的时尚手段

全球税制竞争从来都没有停止过,2017 年年底特朗普的税

---

① Sebastian Beer, Alexander D. Klemm, "Thornton Matheson, Tax Spillovers from US Corporate Income Tax Reform", IMF *Working Paper*, No. 166, 2018.

收改革加剧了全球税收体制的竞争。从 2010 年以来 OECD 整体公司所得税税率和几乎所有的 G7 国家（德国和法国除外）的公司所得税税率都是下降的（图 3-15）。与 2010 年相比，OECD 公司所得税税率下降了 1.41 个百分点。美国是所有发达经济体中税率下降最快的，2018 年美国的公司所得税税率比 2010 年的公司所得税税率下降了 14 个百分百点。美国目前 21% 的公司所得税税率比 OECD 的平均值低 0.88 个百分点。

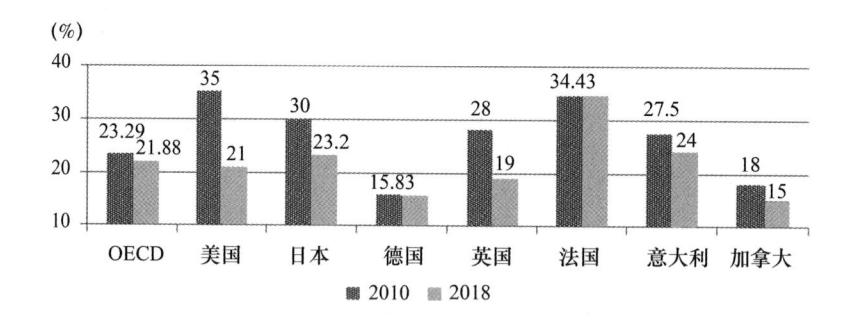

图 3-15 OECD 及 G7 公司所得税税率的变化（2010 年和 2018 年）

资料来源：OECD, Stat。

从包括中央政府和地方政府（法定）制定的公司所得税税率的综合所得税率来看，与 2010 年相比，OECD 公司综合所得税税率下降了 1.45 个百分点。美国是所有发达经济体中公司综合所得税税率下降最快的，2018 年美国的公司综合所得税税率比 2010 年下降了 13.28 个百分百点（图 3-16）。美国目前 25.84% 的公司综合所得税税率高于 OECD 的平均值 2.15 个百分点。

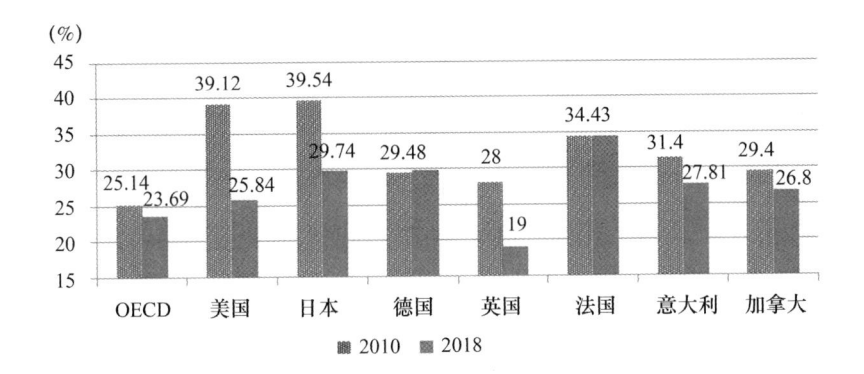

第三章 走向新的不平衡的"大调整" **87**

图 3-16 OECD 及 G7 公司综合所得税税率的变化（2010 年和 2018 年）

注：公司综合所得税率包括中央政府和地方政府（法定）的公司所得税率。

资料来源：OECD, Stat。

在 G7 国家中英国的综合公司所得税税率是最低的，2018 年只有 19%，比 2010 年下降了 9 个百分点。即使如此，英国首相特蕾莎·梅 2018 年 10 月 4 日在执政保守党年会上说，英国"脱欧"后要成为 G20 国家中企业税最低的国家；如果无协议"脱欧"，更会大幅度减税，企业所得税要减半，个人所得税也要大幅度下调来刺激英国的经济增长。

（二）大幅度降低双边或者多边关税成为更高层次地开放市场、形成区域一体化的重要措施

2018 年 7 月 17 日，欧盟和日本在东京签署自由贸易协定，即"欧日经济伙伴协定"（EU-Japan Economic Partnership Agreement）。欧日自贸协定谈判始于 2013 年 4 月 19 日，历经四年多 18 轮谈判，在 2017 年 12 月 8 日结束。欧盟方面对于来自日本

的产品最终将取消99%的关税；日本方面对于来自欧盟的产品，最终将取消94%的关税，随后几年中也将给予欧盟对等的关税待遇。值得关注的是，欧日自贸协定开始实施时，双方对彼此产品零关税的比重就已经超过90%，还要在边际上进一步降低税率，最终达成无关税意义上的自贸区。2018年8月27日，美国和墨西哥就自贸谈判达成基本一致，重谈后的《北美自由贸易协定》（NAFTA）将更名为《美墨贸易协定》（United States-Mexico Trade Agreement）。9月30日午夜前，加拿大和美国两国谈判代表就将墨西哥包括在内的新自由贸易协定达成协议，产生了新的北美自由贸易区协议，简称美墨加自贸协议。同年9月24日，在联合国纽约总部大楼内，特朗普和韩国现任总统文在寅签署了《美韩双边贸易修正后协议》。

从目前的关税来看，发达经济体的关税水平低于发展中国家的关税水平，中国的关税水平（2018年进一步下降到7.5%）处于中间状态（图3-17）。美国、日本、欧盟的关税率保持在3%—5%的水平，属于最低关税系列。

从剔除农产品的关税率来看，发达经济体的关税率进一步下降。日本基本处于样本的最低水平，约定关税率和MFN应用关税率都只有2.5%；美国的约定关税率和MFN应用关税率分别为3.1%和3.2%；欧盟的约定关税率和MFN应用关税率分别为3.9%和4.2%（图3-18）。

如果从世界及不同收入组别国家的所有产品实际加权关税率

第三章 走向新的不平衡的"大调整"

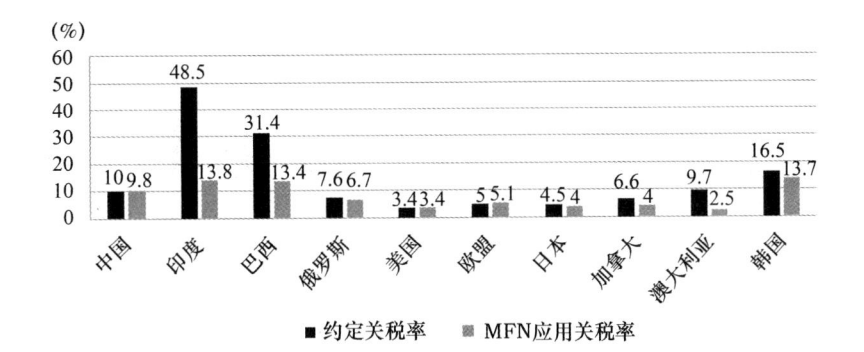

图3-17 主要经济体2017年约定关税率和MFN应用关税率（简单均值）

注：简单均值是指从价税（the ad valorem）或者AVE HS 六位分类关税的均值。

资料来源：WTO。

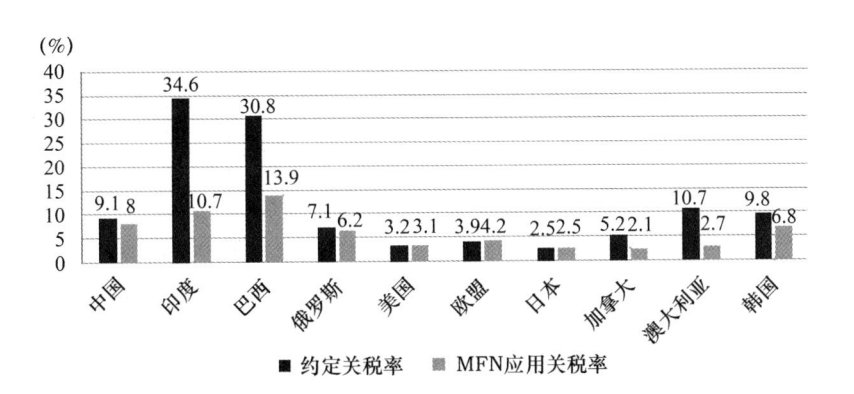

图3-18 主要经济体2017年除农产品外约定关税率和MFN应用关税率（简单均值）

注：简单均值是指从价税（the ad valorem）或者AVE HS 六位分类关税的均值。

资料来源：WTO。

来看,全球实际关税率是不断下降的。中低收入和中高收入国家的关税率下降幅度很大。1992—2000年中低收入和中高收入国家的实际加权关税率为16.58%和15.22%,到2017年分别下降到4.28%和3.70%。高收入国家的实际关税率在1992—2000年为4.21%,到2017年下降到2.02%。总体上,中低收入和中高收入国家的实际加权关税率一直是高于世界平均水平的,即使在2017年世界加权的实际关税平均水平为2.59%,也显著低于中低收入和中高收入国家的实际加权关税率(图3-19)。

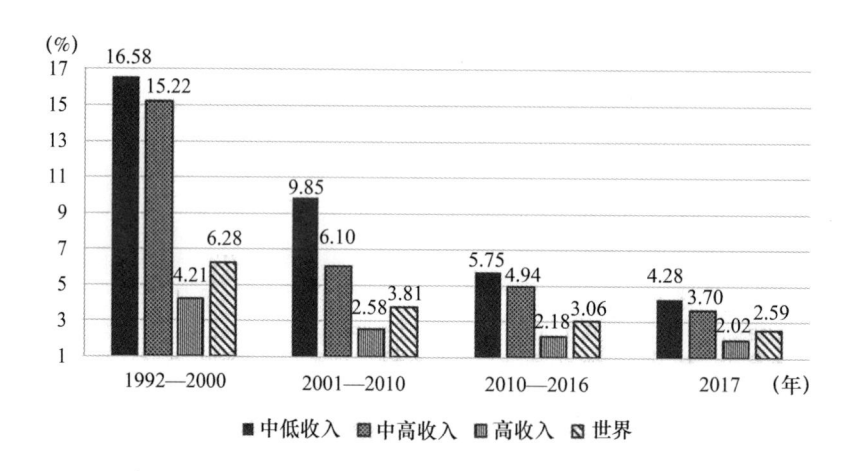

图 3-19 世界及不同收入组别国家所有产品实际加权关税率(1992—2017)

注:除2017年外,其他时期是年度所有产品实际加权关税率的年度均值。

资料来源:World Bank, World Development Indicators, 2019/1/30。

进一步比较中美两国的所有产品实际应用的加权关税率,中国在降低关税方面做出了重大进步。在加入WTO之前的1996—

2001年中国实际加权关税率高达15.72%,同期美国为2.51%;2002—2010年中国的实际加权关税降到了5.27%;2017年中国实际加权关税为3.83%,大约是同期美国1.66%的2.3倍。对比2017年世界平均加权关税的2.59%,中国关税有下调的空间(图3-20)。

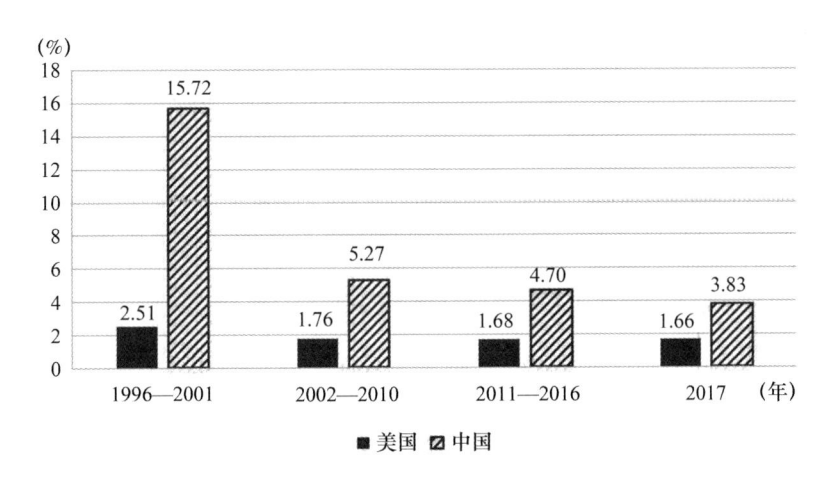

图3-20 美国和中国所有产品实际加权关税率(1996—2017)

注:除2017年外,其他时期是年度所有产品实际加权关税率的年度均值。

资料来源:World Bank, World Development Indicators, 2019/1/30。

自贸区双边协议或者自贸区的多边关税形成的区域经济一体化,甚至是零关税自贸区,无疑会在协议参与者中形成更大的统一市场,提高要素的配置效率。

进一步对照不同收入国家组别的国际贸易税收收入占总收入的比例,也可以从另一个角度来审视关税的竞争力。依据世界银行提供的最新数据,与2000年相比,尽管2016年中低收入和中高收入国家组别的国际贸易带来的关税收入分别下降了 1 个百分点，但仍然达到税收收入的 5% 和 3%，而高收入国家这一比例只有 1%（图 3-21）。发展中国家的关税普遍高于发达经济体，降低关税将是更高层次开放市场，形成更大的国际市场的重要措施，也有利于区域经济一体化的发展。

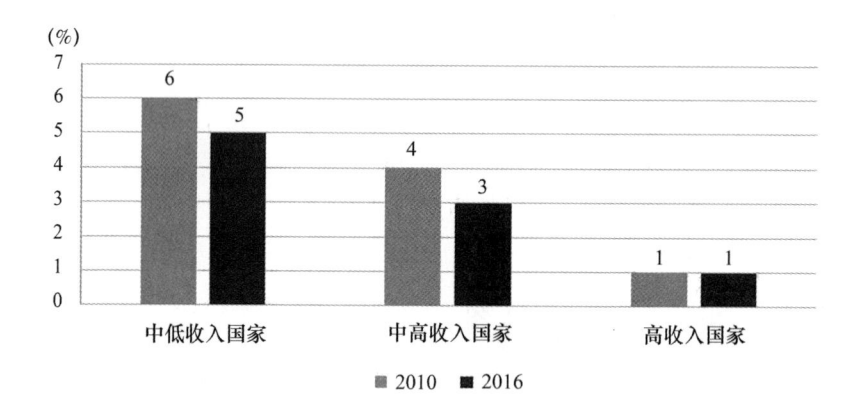

图 3-21　不同收入国家国际贸易税收收入占税收收入的比重

注：按照世界银行 2016 年的标准：低收入国家：人均国民年收入低于 1045 美元；中低收入国家：人均国民年收入为 1046—4125 美元；中高收入国家：人均国民年收入为 4126—12735 美元；高收入国家：人均国民年收入为 12736 美元或之上。（以下划分标准相同，除非特别说明）

资料来源：World Bank, 2018, World Development Indicators: Central government revenues。

（三）公司所得税负和关税的下降，迫使财政赤字经济成为一种"潮流"，这将倒逼发展中国家进行深度的税制体制改革

尽管每个国家的税制结构存在差异，公司所得税和关税在政府收入中的占比存在很大差异，但降低税收无疑会增加政府赤字

规模。图 3-22 显示 2010—2017 年美国公司所得税占政府收入和税收收入的比例年均约为 7.08% 和 10.41%。2017 年年底特朗普减税后，2018 年第一季度到第二季度，公司所得税占美国政府收入和税收收入比例的均值分别下降到 3.86% 和 5.71%。

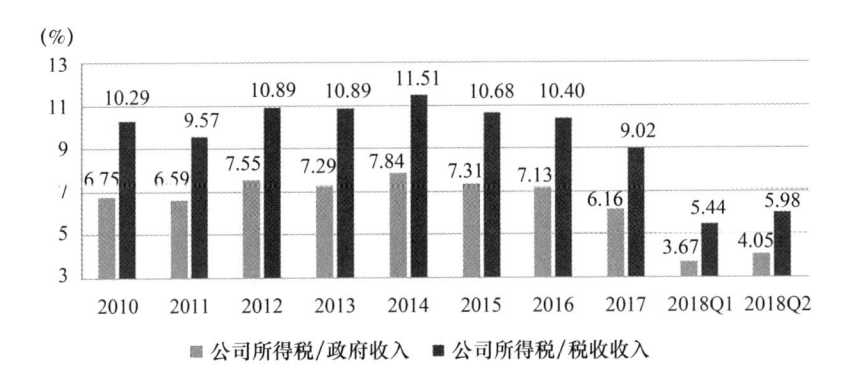

图 3-22 美国公司所得税占政府收入和税收收入的比例

资料来源：BEA, Government Current Receipts and Expenditures。

由于税收收入结构问题，发达经济体税收主要来源于直接税。比如，美国联邦税中，直接税中个人所得税占联邦税收收入的 50%；英国的税收收入中，直接税占全部税收收入的 60% 以上，间接税在英国税制中处于辅助地位，在全部税收收入中所占比重为 30% 左右。图 3-23 给出了 2000 年以来 OECD 国家公司所得税占税收收入比例的变化。可以看出，公司所得税在总税收中的比例最高的 2007 年也只有 10.7%，而 2007 年恰好是次贷危机前发达经济体"大缓和"周期的最后一年。2000—2009 年 OECD 国家公司所得税在总税收中的平均比例为 9.39%，2010—

2017年下降到8.38%，下降幅度达到10.7%；这说明次贷危机后发达经济体公司所得税在总税收收入中的比例进一步下降。正是由于美国等发达经济体公司所得税占税收收入和美国政府收入的比例不高，这种税制结构有利于企业参与国际竞争，是一种有国际竞争力的税制结构。因为即使美国大幅度降低公司所得税，对政府收入和税收收入影响不大，但对于企业减负却起到了重要的边际改进作用。这有利于提高企业的国际竞争力、改善企业盈利能力并吸引外资进入本国市场。

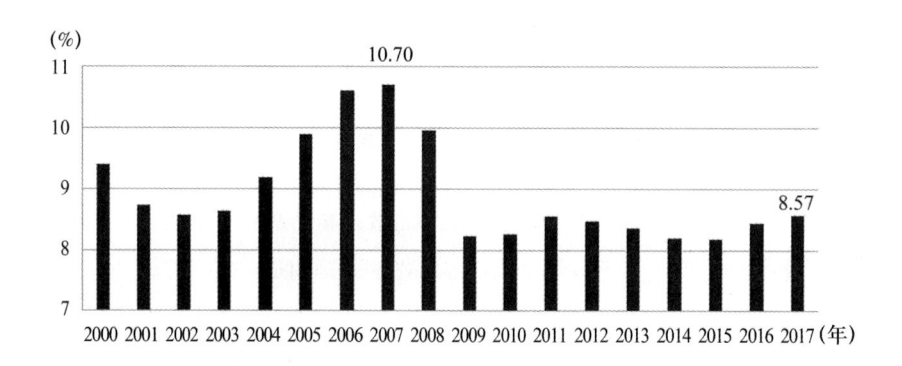

图 3-23　OECD国家公司所得税占税收收入的比例（2000—2017）

资料来源：OECD（2019），Tax Revenue（indicator）。

反观发展中国家的税收收入结构，可以发现发展中国家的公司所得税占税收收入相当大的比例，税收收入结构中间税比例过高，降低公司所得税将显著降低政府财政收入来源。因此，发展中国家在税制竞争中将处于不利的位置。

如果我们进一步从商业活动的税制竞争力来看，发达国家的税制也是有利于提高企业竞争力的。从商业活动的所得税占商业活动的利润的比例来看，发达经济体是最低的，只有14.3%；而中高收入国家和低收入国家都在17%以上，两者相差3个多百分点（图3-24）。尤其是对于中高收入国家来说，在跨入高收入国家的过程中，商业活动的税制竞争力不如发达国家。

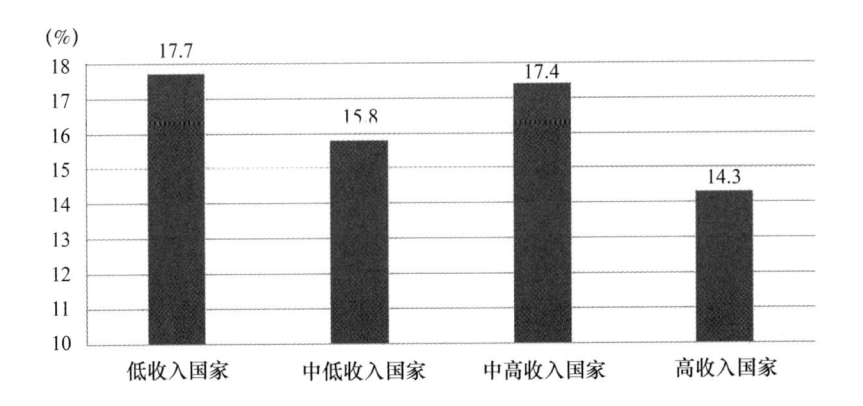

图3-24 不同收入国家商业活动所得税占商业利润的比例

注：按照世界银行2016年的标准：低收入国家：人均国民年收入低于1045美元；中低收入国家：人均国民年收入为1046—4125美元；中高收入国家：人均国民年收入为4126—12735美元；高收入国家：人均国民年收入在12736美元或之上。

资料来源：World Bank，2018，World Development Indicators：Tax Policies。

第四章 "大调整"背景下的世界经济面临的风险与不确定性

次贷危机之后,全球重要经济体纷纷出台了依靠宽松货币政策和积极财政政策的反危机措施。宽松的货币政策带来了"太多金融"的格局。Cecchetti 和 Kharroubi(2012),Arcand、Berkers 和 Panizza(2012)分别在 BIS 和 IMF 的工作报告中提出了反危机宽松货币政策带来的"太多金融"的现象[1]。全球金融资产增长的速度远远高于贸易增长的速度。经济周期的分化决定了货币政策的分化,也由此导致了金融市场的恐慌情绪蔓延(VIX)。VIX 与资本流动、杠杆、信贷增长和资产价格的变化相当敏感(IMF,2016)[2],金融周期开始冲击世界经济。经济周期的分化与金融周期的同步,导致金融恐慌情绪的

---

[1] Cecchetti, Stephen G., and Enisse Kharroubi, "Reassessing the Impact of Finance on Growth", BIS *Working Paper*, No. 381, 2012.

Arcand, Jean-Louis, Enrico Berkes, and Ugo Panizza, "Too Much Finance?" IMF *Working Paper*, No. 161, 2012.

[2] IMF, World Economic Outlook, Too Slow for Too Long, April, 2016.

传染效应会快速放大，在资本套利和避险资金大幅流动的背景下，即使是浮动汇率制度的国家，也难以保持货币政策的自主性。

从经济增速来看，世界重要经济体的增长趋势出现了明显的分化，尤其是世界上最大的两个经济体——美国和中国的经济增速态势出现了不同步（图4-1），而这两个经济体对世界经济增长的贡献率巨大，2013—2014年达到70%，即使在2017年也达到约36%。从中国的经济增速趋势来看，由于次贷危机后的"四万亿"计划，中国的GDP在2010年再次达到两位数的增长（10.6%），随着"四万亿"计划的退出、房地产调控和环境保护等，中国经济增长速度一路下滑，从2010年的10.6%下滑到2018年的6.6%。进入2019年，随着全球贸易和投资摩擦的加剧，经济下行的压力依然很大。美国经济在反危机之后基本处于复苏状态，保持在2%左右的年增速，尤其是2016年以来处于一个明显的上升期，从2016年的1.6%上升到2018年的2.9%，这也是美联储步入加息通道的根本原因。

因此，经济周期的不同步带来的货币政策分化将是全球经济面临的重大不确定性。尤其是美国货币政策的不确定性、反危机过程中累积的债务问题、贸易摩擦问题以及地缘政治的不确定性都将成为"大调整"背景下世界经济面临的风险。

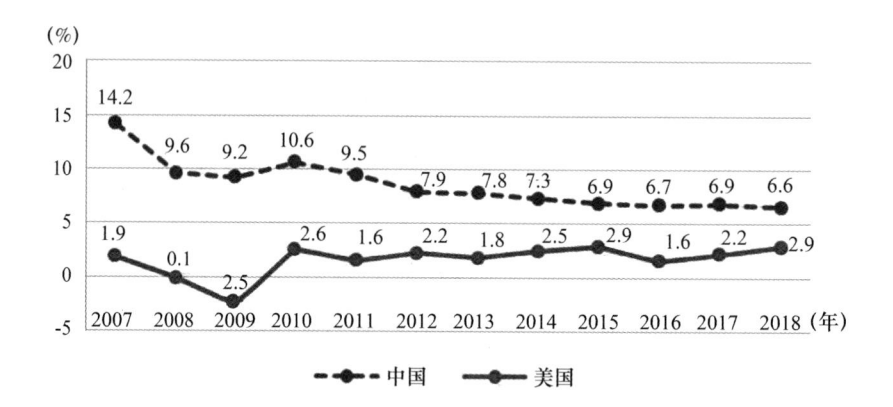

图 4-1　中国和美国经济增速的分化：1997—2018

资料来源：IMF，2019，WEO，Database。

◇ 一　美国货币政策收紧的速度和力度是世界经济面临的最大不确定性

美国货币政策收紧的速度和力度将取决于美国国内经济状况，主要是通胀水平的上升速度。这就产生了一个问题：在特朗普"美国优先"的理念下，美联储加息意味着美国经济继续处于上升通道，而加息对其他有经济下行压力的经济体来说，经济承受的压力更大。同时，美国经济上行增加了特朗普搞贸易摩擦的"本钱"，这对其他有经济下行压力的经济体来说，是进一步恶化了经济发展的环境。因此，美联储的加息速度和力度是决定全球经济变化的核心因素。

第四章 "大调整"背景下的世界经济面临的风险与不确定性

（一）从经济基本面重要的宏观指标来看，2018年美国经济表现不俗，增长相对强劲、通胀处于温和水平、失业率处于历史新低

依据美国经济研究局（BEA）的数据，2018年第一季度美国GDP同比增速为2.2%；第二季度GDP同比增速为4.2%，创下了自2014年第三季度以来的新高；第三季度GDP同比增速为3.5%，保持在高位运行（图4-2）。从2016年第一季度开始，到2018年三季度，美国GDP增速持续了较好的运行态势。

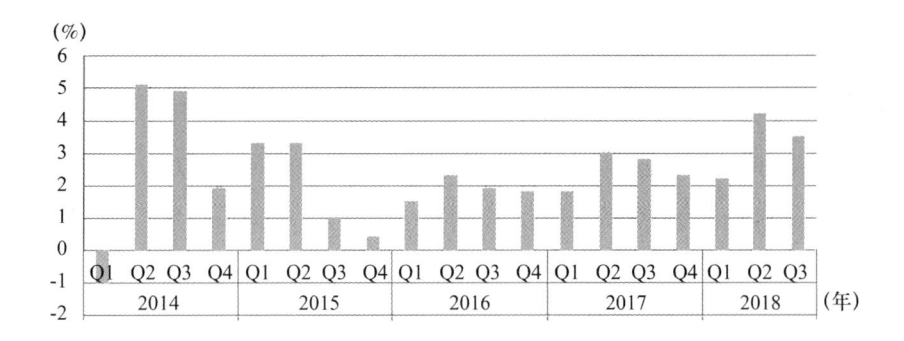

图4-2 美国GDP同比增速（季度调整后的年增长率）

资料来源：U. S. Bureau of Economic Analysis（BEA）。

从物价水平来看，2018年10月美国CPI同比增速为2.5%，9月为2.3%，8月为2.7%。2018年10月比2018年6—7月同比增幅的高点2.9%下降了0.4个百分点。主要原因是能源价格从2018年7月12.1%的同比增幅下降到9月4.8%的同比增幅，拉低了CPI的增幅。食品价格相当稳定，基本维持在1.4%的同比增幅（图4-3）。

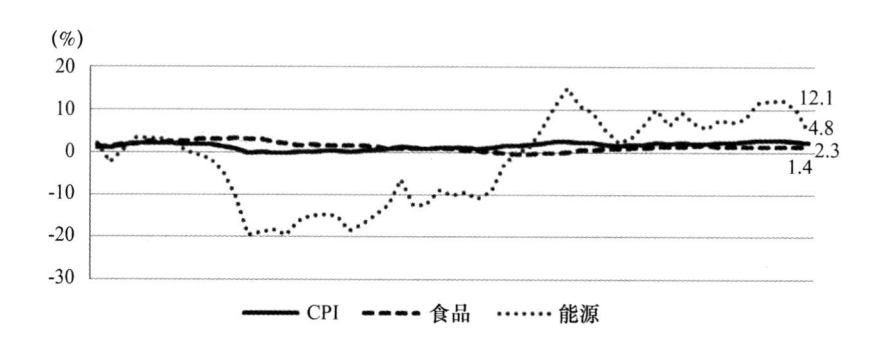

图4-3 美国CPI、食品和能源价格同比增幅（没有经过季节调整）

资料来源：U. S. Bureau of Economic Analysis。

从失业率来看，2009年10月美国失业率高达10%，此后基本呈现出下降趋势。2018年1—8月美国失业率基本维持在4%左右，7—8月均为3.9%，9—10月进一步降至3.7%。目前的失业率水平处于50年以来的最低值（图4-4）。

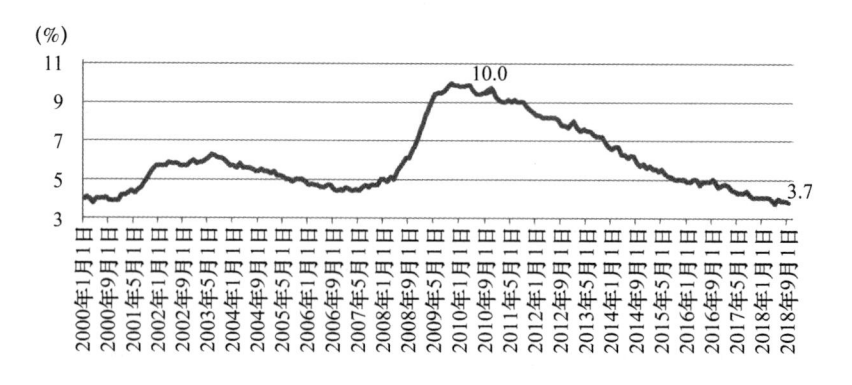

图4-4 美国失业率（2000年1月—2018年9月）

资料来源：U. S. Bureau of Labor Statistics。

(二) 从总需求角度看，2018年拉动美国经济较强劲增长的边际因素主要是投资的增长和政府支出的增加

从总需求角度看美国经济增长的分解，2018年美国经济增长体现出了新特点。图4-5给出了2000—2018年第三季度消费、投资、净出口和政府支出拉动GDP增长的贡献率。剔除2008—2009年次贷危机时期，2000—2007年GDP年均同比增长为2.7%，其中消费、投资、净出口和政府支出对GDP的年均贡献率分别为79.27%、17.52%、-12.25%和15.23%。2010—2017年GDP年均增长为2.2%，其中消费、投资、净出口和政府支出对GDP的年均贡献率分别为72.18%、45.11%、-11.03%和-6.67%。这两个时期拉

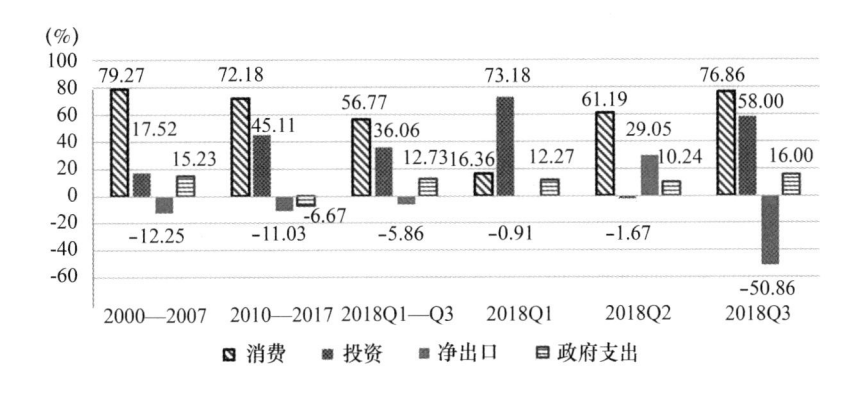

图4-5 美国需求（消费、投资、净出口和政府支出）对GDP的贡献率

资料来源：笔者依据BEA相关数据计算而来。

动美国经济增长动力的切换主要体现在投资和政府支出两个方面。2010—2017年投资的贡献率达到45.11%，比2000—2007年高出27.59个百分点，而政府支出相比2000—2007年下降了21.9个百分点。

从2018年1—3季度来看，消费、投资、净出口和政府支出对GDP的年均贡献率分别为56.77%、36.06%、-5.86%和12.73%。2018年1—3季度美国经济的强劲增长得益于投资依然维持在比较高的位置，虽然对GDP的贡献率36.06%仍低于2010—2017年的45.11%，但政府支出贡献了12.73%，显著高于2010—2017年的-6.67%。净出口对GDP的贡献率为-5.86%，高于2010—2017年的-11.03%。

进一步从2018年1—3季度的单季度来看，第一季度主要靠投资（贡献率达到73.18%）和政府支出（贡献率达到12.27%），第二季度主要靠消费（61.19%）、净出口（29.05%）和政府支出（10.24%），第三季度主要靠消费（76.86%）、投资（58%）和政府支出（16%）。第三季度净出口同比为-3.5%，对美国经济的贡献率为-50.86%；而第一、第二季度进出口同比增速分别为3.6%和9.3%。因此，投资的增长和政府支出的增加是边际意义上保证美国经济2018年维持较强劲增长的核心因素。

（三）消费和投资仍然是维持美国经济增长的核心动力，但政府支出约束和净出口的恶化使得美国经济难以继续维持当前的高总需求水平

1. 消费依然是拉动美国经济增长最重要的动力，但边际收入增长主要来源于资产性收入，收入来源存在的不稳定性决定了消费的边际贡献率会逐步下降

从消费来看，2018 年 1—3 季度消费对 GDP 的贡献率只有 56.77%，低于 2000—2007 年的 79.27% 和 2010—2017 年的 72.18%。主要原因是 2018 年第一季度消费对 GDP 的贡献率只有 16.36%，从而拉低了 2018 年 1—3 季度的消费贡献率。单从第三季度的情况看，消费对 GDP 的贡献率仍达到 76.86%，超过了 2010—2017 年的 72.18%。从消费中最重要的私人消费支出来看，2018 年 1—3 季度同比增长率分别为 2.4%、2.6% 和 3.0%，其中第三季度达到了 2015—2017 年的均值 3.0%。

从更长期视角看，2000—2017 年美国个人收入占 GDP 的比例基本维持在 83%—87%，年度均值为 85.81%，而 2018 年 1—3 季度均值为 85.91%，第三季度为 85.58%。因此，个人收入在 GDP 中的占比基本维持了过去 18 年以来的平均水平（图 4-6）。

从 2018 年 1—3 季度来看，个人收入/GDP 的下降使得消费难以在边际上进一步拉动 GDP 的增长。从拉动美国经济增长第一动力的私人消费支出（PCE）来看，2018 年第三季度个人可

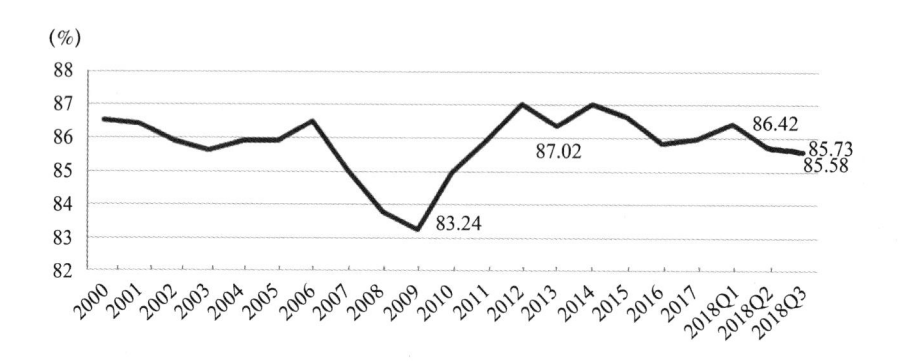

图 4-6　美国个人收入在 GDP 中的占比

资料来源：BEA。2000—2017 年数据来自：Table 1.7.5. Relation of Gross Domestic Product, Gross National Product, Net National Product, National Income, and Personal Income。2018 年数据来自：Table 8. Personal Income and Its Disposition。

支配收入同比增速为 4.1%，低于第二季度的同比增速（4.5%）。实际可支配收入第三季度与第二季度持平，均为 2.5%，但低于 2—3 季度实际 GDP（经过 GDP 平减指数调整）2.9% 的增长率。从环比来看，9 月个人可支配收入环比增长 0.2%，增幅低于 5—8 月份的 0.4%、0.4%、0.3% 和 0.4%。因此，消费拉动美国经济增长的边际贡献率会下降。

从个人收入来源来看，2017 年至 2018 年 8 月底，个人收入来源的构成非常稳定。薪酬和资产收入占比为 77.5%，租金占比为 4.3%，个人转移支付收入约为 17%，三项收入约占个人收入的 99%（图 4-7）。其中薪酬占 61.8%，资本收入（利息和股票红利）占 15.7%。与 2010—2016 年相比，2018 年个人收入来源结构有一定变化：个人薪酬占比下降了 0.1 个百分点，资产

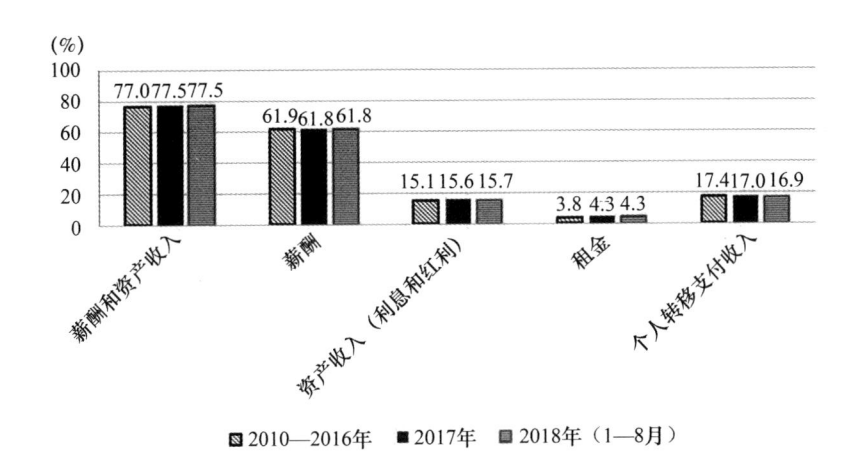

```
(%)
100
 80   77.0 77.5 77.5
 60              61.9 61.8 61.8
 40
 20                            15.1 15.6 15.7              17.4 17.0 16.9
                                              3.8 4.3 4.3
  0
   薪酬和资产收入        薪酬        资产收入(利息和红利)    租金      个人转移支付收入

     ■ 2010—2016年   ■ 2017年   ▨ 2018年（1—8月）
```

图 4-7 美国个人收入来源的构成

资料来源：笔者依据 BEA, Table 2.6. Personal Income and Its Disposition (Monthly) 的原始数据计算。

收入占比增加了 0.6 个百分点，总体带来薪酬和资产收入占比上升了 0.5 个百分点；租金占比上涨了 0.5 个百分点；个人转移支付下降了 0.5 个百分点，房租收入占比的上涨恰好抵消了政府对个人转移支付收入占比的下降。从这个变化可以看出美国股市和房市价格上涨带来的资产性收入成为个人收入边际增长的重要来源，这种收入来源具有非持久性收入的特征，决定了消费边际的贡献率会下降。

从家庭债务偿还能力来看，次贷危机爆发后，美国家庭的债务偿还比例（家庭总债务支付/家庭总可支配收入）是逐步下降的。从 2008 年的 12.93% 一路下降到 2012 年的 10.07%。从 2013 年开始美国家庭的债务偿还比例一直保持较为稳定的态势，基本维持在 10% 左右，2017 年为 9.97%。到 2018 年第二季度进一步下降到 9.84%（图 4-8）。这说明美国居民家庭财务状况有所改善，有利于维持美国居民的消费。

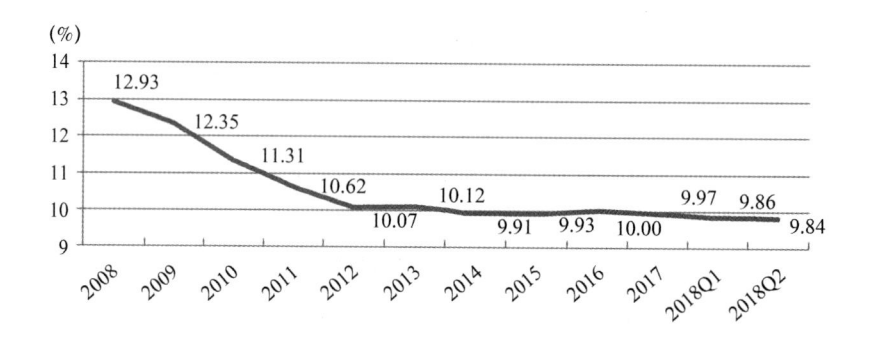

```
(%)
14
13   12.93
12       12.35
11           11.31
                 10.62   10.12
10                   10.07  9.91  9.93  10.00  9.97  9.86
 9                                                      9.84
   2008 2009 2010 2011 2012 2013 2014 2015 2016 2017 2018Q1 2018Q2
```

图 4-8　美国家庭债务偿还比例（DSR，家庭总债务支付/家庭总可支配收入）

注：2008—2017 年是季度数据的年均值，2018 年是第一和第二季度的数据。

资料来源：The Federal Reserve Board, Household Debt Service and Financial Obligations Ratios。

2. 税改计划刺激了企业投资的增长，2018 年第三季度同比高达 12% 的投资增长率不可持续，但仍具有维持较高增长的业绩支撑

根据 BEA 的数据，2015—2017 年美国总的私人投资季度平均增长率为 2.7%，2018 年 1—3 季度的平均季度同比增长率达到 7%，其中第三季度同比增长率高达 12%，投资成为拉动 2018 年美国经济增长的重要动力。

2018 年第三季度如此高的私人投资同比增长率不具备可持续

性，但从企业利润率来看，维持比较高的投资增长率具有业绩支撑。与2011—2017年企业利润季度均值相比，2018年第一季度到第二季度企业利润总体上是上升的。其中，公司利润同比增幅是2011—2017年季度利润同比增幅的2倍多，达到6.61%；非金融部门利润同比增幅为5.46%，高于2011—2017年的均值3.60%；但金融部门利润同比增幅下降，2018年1—2季度利润同比增幅为2.95%，低于2011—2017年利润同比增幅4.19%（图4-9）。非金融部门利润同比较高的增幅有利于提高企业财务的稳健性，也有助于维持较高的投资增长率。

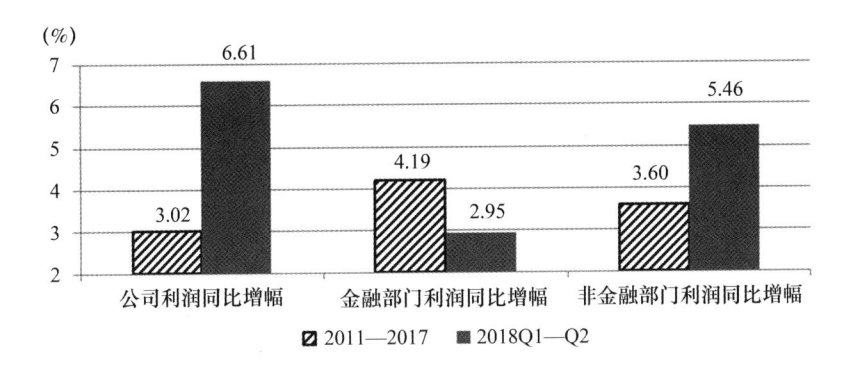

图4-9 美国经济公司利润同比增幅

注：公司利润是考虑了存货估值和资本消费调整后的公司利润；金融部门是指保险、银行和其他金融控股公司。

资料来源：笔者依据Bureau of Economic Analysis提供的数据计算。

3. 美国政府财政年度赤字规模进入万亿美元级别，这将限制特朗普政府通过财政刺激经济计划的实施

2014—2016年美国年均财政赤字为8473.2亿美元。特朗普

上台后，2017年到2018年第二季度换算的年度平均财政赤字规模高达10405.2亿美元。如果按照2018年第一季度的赤字状况换算，2018年美国政府财政赤字高达12003亿美元；按照2018年第二季度的赤字状况换算，2018年美国财政赤字将高达12249亿美元。在存量上，美国政府债务2008年第三季度突破10万亿大关，为10.02万亿美元；2017年第三季度突破20万亿美元大关，达到20.24万亿美元；2018年第二季度达到了创纪录的21.2万亿美元（季度调整的年率）如图4-10所示。

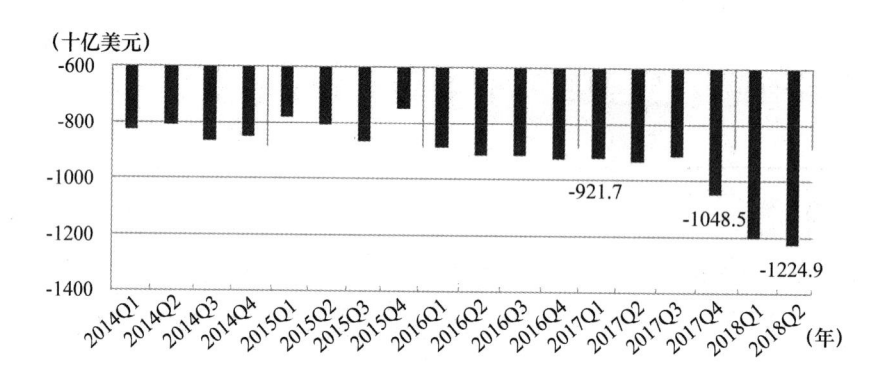

图4-10 美国政府的财政赤字规模（季度调整的年率）

资料来源：笔者依据 Bureau of Economic Analysis 提供的数据计算。

国际市场对美国政府财政赤字膨胀的担忧在最近几年充分显现出来。首先是持有美国政府债券的外国投资者比例明显下降。外国投资者持有美国国债的比例最高时达到34.14%，到2018年第一季度外国投资者持有的美国政府债券的比例下降为29.5%（图4-11），下滑了4.64个百分点。这就是说，当前

第四章 "大调整"背景下的世界经济面临的风险与不确定性 | **109**

21.1万亿美元美国政府债务中有6.22万亿美元是外国投资者持有的。

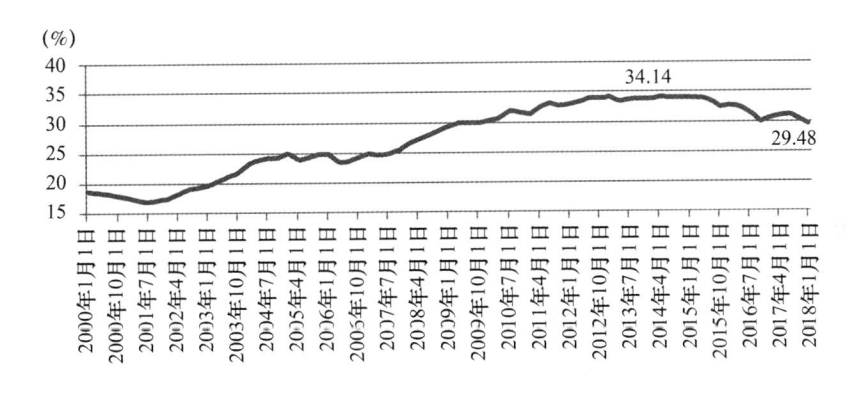

图4-11 外国投资者持有美国政府债券的比例

资料来源：U. S. Federal Reserve Economic Data。

其次，近期外国投资者持有美国政府债券的边际增长量变化很小。2017年8月到2018年8月外国投资者持有美国政府债券的数量仅仅增加了378亿美元，而这期间美国政府债务增长了1.27万亿美元。换言之，这期间美国政府新发行的债券只有2.97%是外国投资者持有的，这说明美国政府债券对外国投资者的吸引力在急剧下降。这一年，第一大和第二大美国政府债券持有国的中国和日本分别减持了366亿美元和718亿美元的美国政府债券。这意味着美国政府债务的边际增加给金融市场带来的边际风险是急剧增加的，这将约束美国政府财政赤字的持续膨胀。

最后，民主党重掌众议院将约束特朗普"放飞自我"的财政赤字政策。2018年11月7日美国中期选举结束，民主党在8年后重新获得众议院多数席位，这会约束特朗普的财政赤字政策。这一方面可以减缓美国债务膨胀的速度，另一方面必然影响特朗普增加基建支出计划的实施，降低特朗普政府通过财政赤字刺激经济增长的能力。

（四）2018年美国股市屡创新高、房价也创历史新高，资产价格的重估效应一旦显现，金融周期的逐步逆转将是导致美国经济景气周期结束的关键因素

1. 2018年美国股市屡创新高，提高了美国投资者的财富和企业的净值，也拉升了美国经济中的消费和投资

次贷危机之后，按照美国国民经济研究局（NBER）定义的美国经济在次贷危机中的衰退期结束（2009年6月1日），美国股市已经走过了9年多的牛市。从次贷危机导致的经济衰退期结束到2018年10月3日，道琼斯工业指数在9年时间里涨幅（最高为26828.39点）高达207.6%，而标普500指数的涨幅（2018年9月20日达到2930.75点）则达到了210.8%。次贷危机结束后，美国股市总体涨幅达到了2倍多。

从特朗普上台后的数据来看，2017年1月20日到2018年9—10月道琼斯工业指数和标普500指数分别上涨了35.3%和29%。事实上，到目前为止，特朗普时期美国股市的年度平均涨幅不及过去9年牛市的年度平均涨幅。据特朗普说他上任以来，

道琼斯指数70次创新高①。从2018年年初截至2018年11月16日，在全球主要股市中，相对于其他主要股市股指负增长的表现，美国的股市涨幅是相当抢眼的（图4-12）。

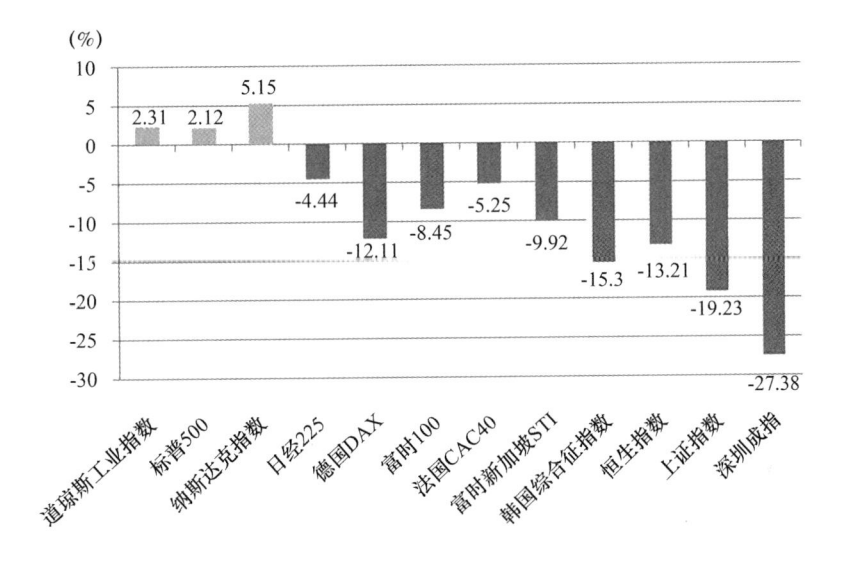

图4-12 2018年（截至2018年11月16日上午9:36）全球主要股市指数涨幅

资料来源：WIND。

长达9年多的牛市也导致了美国股市在全球主要股市中的估值是最高的。截至2018年11月16日，道琼斯工业指数、标普500和纳斯达克指数的市盈率分别为20.9、20.7和40.3（图4-13）。尤其是纳斯达克指数的市盈率突破40倍，显示出过高

---

① "特朗普执政20个月成绩单"，参见特朗普2018年10月12日的推特。

的估值,基本进入了风险调整区域。

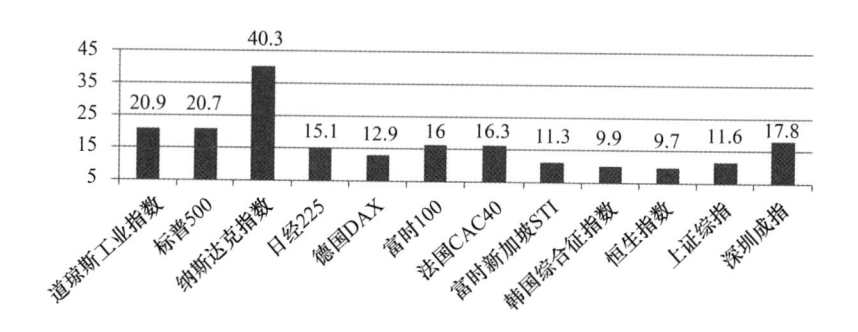

图4-13 2018年(截至2018年11月16日上午9:50)全球主要股市市盈率(TTM)

资料来源:WIND。

从另一个重要的估值指标来看,美国股市在全球主要股市中的估值也是最高的。截至2018年11月16日,道琼斯工业指数、标普500和纳斯达克指数的市净率分别为4.07、3.17和4.17(图4-14),相对于其他股市来说,存在明显过高估值的风险。

2. 房价创新高,已经超过次贷危机之前的最高点,住房投资收益率下降,高房价调整的风险显现

从整体房价指数来看,2007年第一季度美国全部交易的房价指数为378.25(1980Q1=100),危机爆发后,下跌至2011年第一季度的低点,下跌幅度达到18.7%。此后房价开始回升,到2018年第一季度房价交易指数达到414.22,上涨幅度达到36.7%(图4-15)。目前的房价指数处于美国历史最高水平。

随着2018年房价的逐步走高,住房投资的收益率在下降。

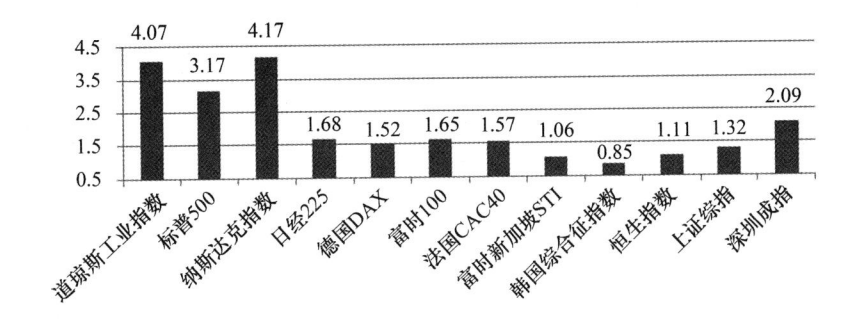

图 4-14 2018 年（截至 2018 年 11 月 16 日上午 9：50）全球主要股市的市净率（P/B）

资料来源：WIND。

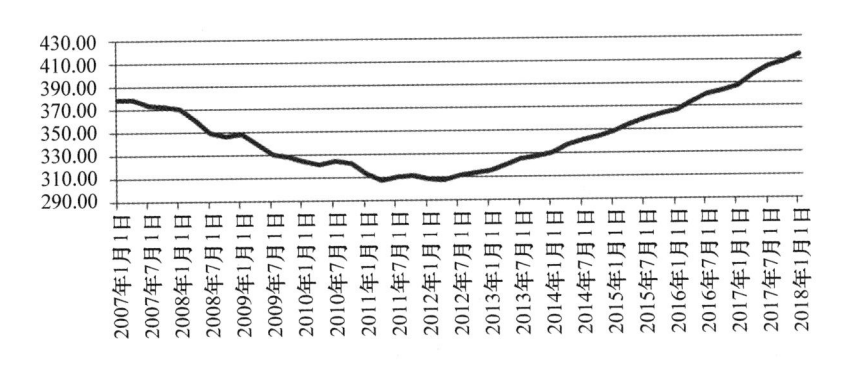

图 4-15 美国所有房价的交易指数（1980Q1=100，季度，无季节调整）

资料来源：Federal Reserve Bank of St. Louis。

以房价/租金比来衡量的住房投资收益率有明显的下降。1980—2017 年，这一比率为 1.268，2015—2017 年为 1.270，基本上保持在过去近四十年的平均水平（图 4-16）。进入 2018 年之后，这一比率有较为明显的上升，2018 年第 1—2 季度均值为 1.325。这说明 2018 年第 1—2 季度的住房投资收益率比过去近四十年下降了4.31%，比2015—2017年下降了4.16%。与2017年四个季度的均值相比，2018年第1—2季度住房投资收益率下降了2.09%。

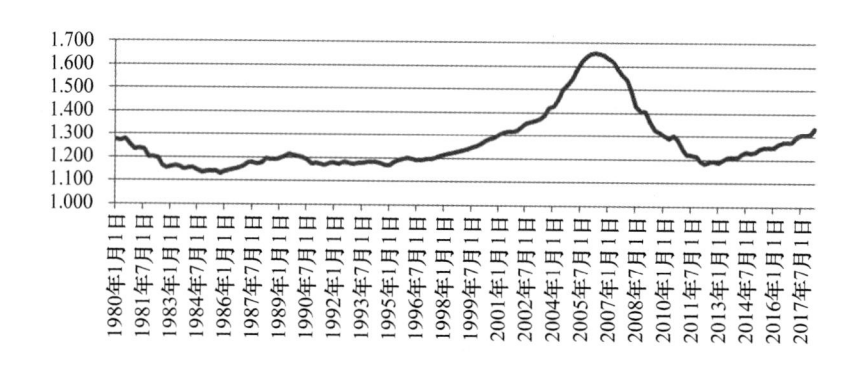

图4-16 美国房价租金比

注：房价指数数据使用All-Transactions House Price Index for the United States；租金数据使用Consumer Price Index for All Urban Consumers：Rent of primary residence。

资料来源：https：//fredblog. stlouisfed. org/2018/09/is-the-housing-price-rent-ratio-a-leading-indicator/? utm_ source = series_ page&utm_ medium = related_ content&utm_ term = related_ resources&utm_ campaign = fredblog。

3. 债券市场利率期限结构的扁平化显示出投资者对美国经济未来高增长不可持续的担忧，而投资者对风险溢价补偿要求的快速缩小说明金融市场进入调整的敏感期

从2015年年底开始，美联储进入货币紧缩阶段，截至目前已经加息8次，仅2018年至今就加息了3次。联邦基金利率几乎从零利率走到了目前的2%—2.25%。随着联邦基金利率的不断走高，美国国债收益率也不断上升。从2016年年中开始，10

第四章 "大调整"背景下的世界经济面临的风险与不确定性

年期国债收益率基本呈上升趋势,到2018年10月初基本维持在3.1%—3.3%的区间。作为美国乃至全球最重要的长期基准利率,10年期国债收益率的大幅度上升,无疑会推高长期资本成本,引发资产价格重估的风险。随着长期利率上扬,短期利率上扬更快。从最重要的10年期和2年期国债收益率差来看,从2013年年底以来不断收窄,从2013年年底的2.56个百分点收窄至2018年9月底的0.24个百分点(图4-17),存在利率倒挂的风险,引发了市场关于美国经济未来衰退的判断。

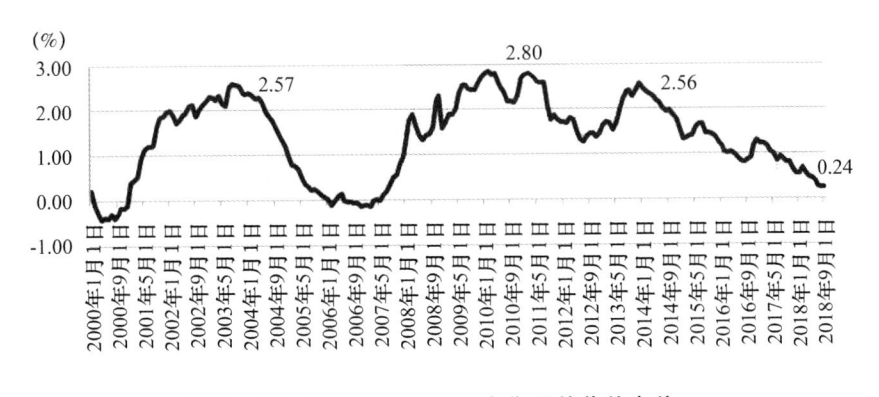

图4-17 美国10年期和2年期国债收益率差

资料来源:Federal Reserve Bank of St. Louis。

长短期国债利差收窄或者利率期限结构的平坦化是否是未来经济衰退的信号,存在争议。长短利差可以表达为两个部分:中性利率差+期限溢价差。按照美联储主席鲍威尔的观点,这次长短利差的收窄主要是利率期限溢价差缩小,而中性利率差依然维持在比较高的水平。此次利差缩小与以往的利差缩小存在结构性差异，不应过度解读为未来经济衰退的信号。

另一个市场利差收窄也揭示了投资者风险偏好补偿的重要信息。从穆迪 Aaa 债券收益率和美国 10 年期债券收益率差不断收窄，到 2018 年 9 月底两者收益率差只有 0.97 个百分点。市场投资者风险偏好在上升，且对风险溢价补偿的要求在下降，这也是推动股市、房市资产价格上涨的重要因素（图 4-18）。但这种风险偏好补偿的下降极易引发市场情绪的逆转，导致金融市场资产价格出现较大规模的调整。

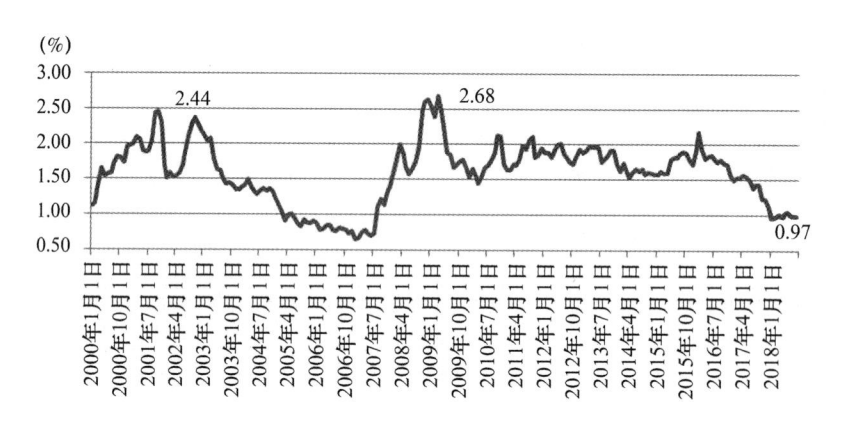

图 4-18　穆迪 Aaa 债券收益率和美国 10 年期债券收益率差

资料来源：Federal Reserve Bank of St. Louis。

（五）国际油价高位回落，未来一段时间国际油价将在中低价格区间运行

世界上有 50 多个非 OPEC 产油国，探明的石油储量不足世界总储量的 1/4，只有石油输出国组织（OPEC）国家探明储量的 1/3。因此，传统上 OPEC 的供给产量在很大程度上决定国际

市场原油定价，就是卡特尔定价法则。这一定价在2014年随着美国页岩油形成规模化的产能后发生了巨变，演变为成本比拼性质的Bertrand竞争性定价。

当然，2014年下半年至今的国际市场油价深度下跌与原油的供给、强势的美元以及全球尚待复苏进程中疲软的制造业密切相关。但IEA（国际能源署，2014）的研究表明，在此轮油价的跌幅中，仅有20%—35%是因为当时和现在这段时间石油需求的意外下降。那么原油价格是期货定价吗？是金融市场上的"投机"导致了石油价格的下跌吗？最近的研究表明几乎没有证据支持这个观点（Arezki, R. and Blanchard, O. J., 2014）[1]。

这说明供给因素是推动油价下跌的重要原因。近年来，加拿大的油砂、美国的页岩油、巴西和北极的深水油田等新兴来源侵占了OPEC的市场份额，并在2014年引发了以沙特和美国为主角的石油价格对抗。在2014年10月油价跌破每桶90美元之后，11月OPEC拒绝为提振油价减低石油产量；12月全球最大产油国沙特下调对美国和亚洲的出口原油价格，国际油价一路狂泻，跌破每桶50美元大关。油价成本成为长期捍卫市场份额的唯一手段。

从美国前三大页岩油田的成本来看，盈亏平衡价为每桶60美元左右[2]。尽管目前美国出现了首家页岩油开采企业提交破产

---

[1] Arezki, R. and Blanchard O. J., "Seven Questions About The Recent Oil Price Slump", IMF direct, http://blog-imfdirect.imf.org/, 2014.

[2] 前三大页岩油田是Bakken、Eagle Ford和Permian，此外还有Niobrara、Utica等油田。

申请的案例，但 EIA（2015）2 月的数据显示这些油田的产量比去年同期还在上升。① 而 Rystad Energy 的研究表明沙特的石油成本为每桶 20—30 美元。由于沙特是在参与一场输不起的竞争，如果国际油价较长时间维持在 60 美元左右，可以预期高成本的美国页岩油企业将出现财务困境，倒闭重组在所难免。即使如此，美国能源独立的目标仍基本实现。石油进口从 2006—2007 年峰值的 1000 万桶/日下降到近几年的 700 万桶/日，但其 2014 年产量却上升到 1127 万桶/日（2014 年美国石油日消耗量为 1893 万桶）。美国页岩油供给的增长和油价下跌降低了美国经常账户逆差，也由于成本下降推动了美国的经济增长（Blanchard and Gali，2009）。② 而石油进口国，尤其是能源强度大的国家如中国、印度将从能源价格的下跌中获得更大的收益，当然石油出口国家将无疑会受损。③

依据美国能源信息管理局（EIA）的数据，2016 年 1 月

---

① 美国能源信息署（EIA），http：//www.eia.gov/。

② 该研究估计，石油价格长期（因供给原因）下跌 10% 产生的影响会导致美国的产出大约增长 0.2%。如果油价下跌中大约 25% 是因为供给因素（油价下跌 40% 中有 60% 是因为供给因素），那么估算结果则暗示产出将增长约 0.5%。美国在不断推进能源节约的措施，如 2009 年奥巴马大幅度提高美国汽车燃油经济性标准。2007—2014 年，美国 GDP 上升 27%，美国石油日消耗反而减少了 175 万桶。参见 Blanchard, O. J. and Jordi, G., 2009, "The Macroeconomic Effects of Oil Price Shocks: Why are the 2000s so different from the 1970s?" in GALI J and GERTLER M（eds.）, International Dimensions of Monetary Policy, University of Chicago Press（Chicago, IL）, pp. 373 – 428。

③ 石油出口国的集中度要远大于石油进口国的集中度，石油出口国受损的程度会更大。比如，能源收入占俄罗斯 GDP 的 1/4，占其出口的 70% 和俄联邦收入的 1/2。中东石油出口额占海合会国家出口总额的约 64%，占其政府收入的比重接近 GDP 的 1/4。

Brent 原油现货价格为 30.7 美元/桶，到 2018 年 9 月 24 日 Brent 原油现货价格突破 80 美元/桶，达到 80.89 美元/桶，10 月 1 日达到 84.94 美元/桶。2016 年 1 月至 2018 年 10 月，欧洲 Brent 原油现货价格的涨幅达到了惊人的 176.7%。但随后油价大幅度调整，截至 2018 年 11 月 13 日，Brent 原油现货价格跌至 65.45 美元/桶。

2016 年 2 月美国 WTI 原油（西德克萨斯轻质油）现货价处于阶段性低点，价格为 30.32 美元/桶。此后美国 WTI 原油现货价也是一路上升，到 2018 年 9 月涨到了 70 美元/桶。2018 年 10 月 1 日，美国 WTI 原油现货价格达到了 75.37 美元/桶。从 2016 年 2 月至 2018 年 10 月，涨幅高达 148.6%。但随后油价大幅度调整，截至 2018 年 11 月 13 日 WTI 原油现货价格跌至 55.63 美元/桶。

在长期中，油价将主要取决于原油供给和经济需求。2018 年油价上涨与地缘政治关系很大，伊朗、沙特与美国的关系是推动 2018 年油价短期快速上涨的重要因素；当然美国经济的景气也是拉升油价的原因之一，这一点从 WTI 原油价格的上涨上得到了充分的体现。一方面，由于市场普遍预期美国、欧洲、中国和日本经济增速在 2019 年有不同程度的放缓，且原油的地缘政治风险来源已久，风险尚可控，影响油价短期快速上涨的因素并不完全具备。另一方面，美国国内面临一定通胀压力，尽管美国也是能源出口大国，但油价的上涨会加快结束美国的经济景气周期，特朗普也因此不会让油价大幅度上涨，这一点可以从特朗普对待沙特的"忍容"态度和对待OPEC的"抱怨"态度上得到充分体现。同时，2018年美国原油产量不断提高，平均日产量均在1000万桶以上，库存充裕，美国大概率成为原油出口国（图4-19）。2018年12月6日，EIA的数据显示美国原油和成品油净出口达到21.1万桶/天，改变了75年以来美国需要净进口原油的局面，实现了能源的自给有余。因此，油价不会出现持续性的上涨，未来一段时间内油价更大的可能是维持在中低位运行。

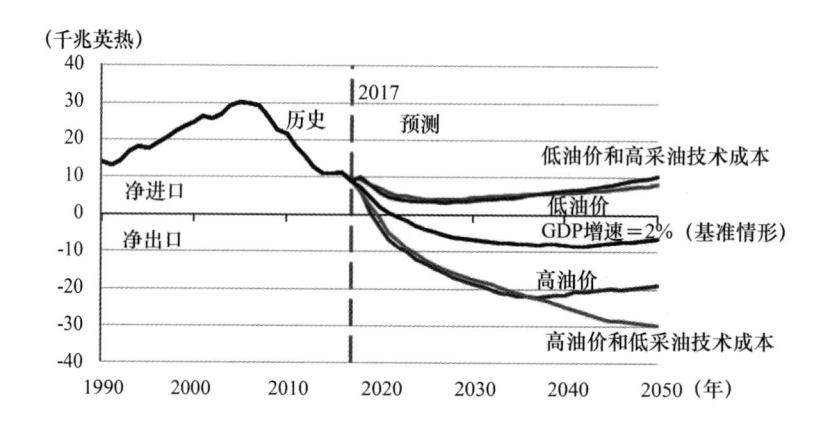

图4-19 在大多数情况下美国将变成能源净出口国

资料来源：EIA，Annual Energy Outlook 2018。

（六）美联储加息的速度和进度将决定美国此轮经济景气周期的扩张长度，为了延长美国经济的景气周期，美联储加息不会超出市场预期

首先，美联储加息的速度、力度将直接取决于美国经济通胀的态势；而加息加到什么水平在很大程度上取决于美联储对美国中性利率水平的判断。

从中性利率水平来看，流行的（最常用的）中性利率水平是通过泰勒规则计算出来的利率水平。近期依据美联储泰勒规则模型计算出来的可以抵抗通胀的中性利率水平为3.0%—3.5%，这相当于目前联邦基金利率的1.5倍。要谨慎对待这个数据，因为反危机之后很长时间里美国经济一直面临低利率、低增长、低通胀和高债务的困境。因此，依据泰勒规则测算出来的中性利率水平会由于经济潜在水平的下滑或者由于反危机后为了应对通缩，提高目标通胀率的容忍度而出现系统性的偏高。进一步考虑到美国债务总量急剧增大的问题，可以合理地推测出美联储心目中的中性利率水平要低于这一数值。

其次，从通胀水平来看，目前美国经济面临通胀向上的压力，但压力并没有那么大。

美国的通胀主要取决于国际原油价格、贸易摩擦（关税等）带来的价格上涨（目前测算大约增加美国325亿美元进口成本），QE退出的滞后效应，住房、教育和医疗成本的上升以及美元汇率的变动等因素。按照美国经济研究局等的研究，2018年PCE核心通胀率为2%，2019—2020年均为2.3%（图4-20）。

由于PCE核心通胀率仍处于温和区间，通胀及通胀预期的压力并不足够大，美联储的加息速度将不会出现超过市场预期的

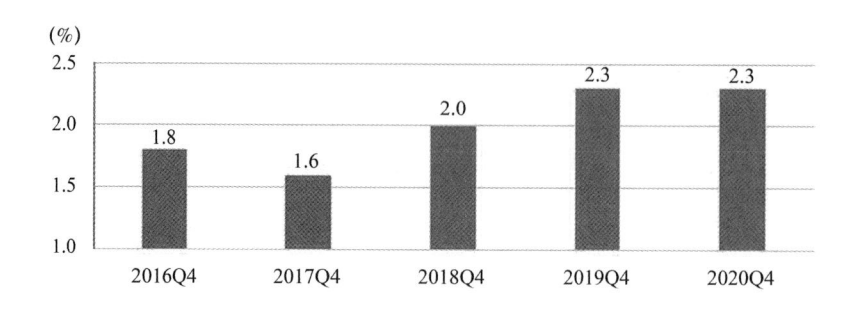

图 4-20 美国 PCE 核心通胀率

资料来源：Bureau of Economic Analysis；Haver Analytics。

速度。市场普遍预期 2019 年加息 3 次，但考虑到油价处于中低位运行的概率较大，如果 2018 年年底美联储继续加息 1 次，那么 2019 年美联储的加息次数将明显少于 3 次；另外，美国经济的基本面在 2018 年依然保持了相当健康的状态，虽然大多数观点认为美国经济产出水平已经超过了潜在产出水平的 2%，但经济并没有显示出明显的过热迹象。

最后，贸易摩擦推高美国通胀，但带来全球经济的下行压力，也会减缓对美国国内通胀的压力。投资者对美国经济未来增长的预期普遍下调（比如 IMF 将 2019 年美国经济增速下调至 2.5%。2018 年 9 月以来的贸易摩擦使得美国经济增速下降 0.3%；如果再对另外 2670 亿美元的从中国进口的商品征收 25% 的关税，美国经济增速将下降 0.5%；如果进一步对汽车/零部件征收 25% 的关税，美国经济增速将下降 0.9%[①]）。同时

---

① IMF, WEO, Oct, 2018.

对中国、欧洲、日本等国家和地区经济增长的预期也普遍下调，这将导致美国进口物价水平的下降，但贸易摩擦本身会带来美国进口物价水平的上升，这两者相互对冲，很难有准确的估算。

从总需求角度看，2018年拉动美国经济较强劲增长的边际因素是投资的增长和政府支出的增加。从总供给角度看，美国经济依然具备维持高位增长的能力。总需求放缓主要来自：可支配收入的增幅决定了消费难以在边际意义上进一步拉动美国经济的增长；第三季度净出口对-50.86%的GDP贡献率显示贸易摩擦给美国经济带来了下行压力；11月民主党重掌众议院将限制特朗普政府刺激财政计划的进一步实施，政府支出边际上难以进一步提高。尽管减税政策带来的投资上升将成为维持美国经济高位运行的关键，但税改的边际效应存在递减。

美联储加息的速度和幅度将决定美国此轮经济景气周期的扩张长度。因此，特朗普政府延长经济景气周期的要点是美联储放缓加息的速度和幅度。劳工市场工资上升在推动物价上升的同时，也会增加消费、提振总需求，但高油价对于特朗普政府能够延长经济景气周期来说是必须抛弃的。因此，特朗普会选择"工资上涨+低油价"的组合来平滑物价水平的上升，减缓美联储加息的速度和幅度。

2018年美国股市屡创新高、房价也创历史新高。股市过高的市盈率和市净率使得股票市场的风险在不断聚集。随着加息进程的推进和过度政府债务推高的市场利率水平，资产价格的重估效应会显现出来。金融市场长期债券和短期债券利差的大幅度缩小可能显示投资者对长期增长前景的不乐观,而债券市场风险溢价补偿的大幅度缩小表明市场处于风险偏好调整的敏感时期,这些因素都会带来金融资产价格的大幅度波动。

因此,实体经济总需求的后动力不充足和金融周期的逐步逆转将决定2019年美国经济增速会出现回落,但实体经济较为健康的基本面决定了资产价格较大幅度的波动不会带来金融危机。

归纳起来,特朗普政府尽力延长美国经济景气周期的策略是:尽力延续刺激性的财政政策,维持消费、投资对美国经济增长的边际拉动力。倾向"工资上涨 + 低油价"的政策组合来缓解通胀压力,从而延缓美联储加息的速度和力度,让资产价格维持在高位调整,减缓居民资产财富和企业净值的向下调整幅度,推迟金融周期的向下调整。特朗普希望通过以上措施延续美国经济景气周期的长度,增加美国对外实施贸易摩擦的资本。

◇二 全球经济将面临金融周期的冲击,金融周期成为世界经济动荡的核心影响因素之一

(一)所有国家都面临贸易和金融"双冲击"的外部环境

经济一体化的发展意味着全球经济的相互依存度逐步提高,贸易摩擦无疑是全球都面临的外部贸易冲击。同时,反危机后金

融资产的快速膨胀、全球金融一体化的发展使得金融周期的冲击也有所放大：金融资产价格的波动将通过财富效益、企业净值效应等影响投资和消费。

依据IMF的数据，到2014年年底，全球债务是2000年的3.2倍，组合投资是2000年的3.86倍，衍生品是2000年的28.7倍，全球储备增长了6.11倍，FDI也增长了约4.7倍。2014年年底，全球债务、FDI、组合投资、衍生品和储备分别达到了131.1万亿、80.8万亿、52.4万亿、24.7万亿和12.1万亿美元。2014年仅衍生品的市场价值（24.7万亿美元）就超过了发达经济体和新兴经济之间以及新兴经济体之间的进出口贸易总额（22.9万亿美元）。从发达经济体和新兴经济体的外国资产和负债来看，2014年年底，发达经济体外国资产和负债达到了192.98万亿美元；新兴经济体的外国资产和负债也达到了29.32万亿美元；分别是2000年的3.55倍和6.02倍。[①]

对比上述数据，我们可以看出金融一体化的速度和程度要远大于贸易一体化的速度和程度。金融一体化程度的大幅度提高，金融市场彼此之间的溢出效应显著增强。尤其是随着组合投资和衍生品市场规模的急剧扩大，市场之间的溢出效应会更加敏感。IMF（2016）认为，新兴市场的冲击给发达经济体和新兴市场经济体的股票价格和汇率带来的溢出效应也明显上升，目前这些国家的资产价格波动中有1/3以上来源于上述溢出效应。

---

① IMF, *Global Financial Stability Report*, April, 2016.

表4-1给出了部分新兴经济体汇率波动的溢出效应。比如，墨西哥比索的汇率波动大体可以解释为新兴经济体汇率波动的约3%、发达经济体汇率波动的约1.3%。因此，现在全球外汇市场已经呈现双向溢出的态势。

表4-1　　部分新兴经济体汇率波动的溢出效应（2011—2015）　　　单位:%

	墨西哥比索		南非兰特		巴西雷拉尔		俄罗斯卢布		印度卢比	
	EM	AE	EM	AE	EM	AE	EM	AE	EM	AE
区域EMs	0.91	1.26	0.76	1.35	0.64	0.72	0.19	0.31	0.35	0.16
其他EMs	1.86	0	2.00	0	1.15	0	0.66	0	0.26	0

注：EM：新兴经济体；AE：发达经济体；区域EMs：新兴亚洲、欧洲、拉丁美洲以及中东和非洲。

资料来源：IMF，2016。

（二）美元加息和缩表计划将带来新兴市场外汇市场承压，部分经济基本面不好的国家面临货币贬值的压力，外汇市场的风险随时可能爆发，经济的脆弱性不减

从历史的长河来看，美元总是不断贬值的。但在长期贬值趋势的背景下，每一次强势美元周期中总是会出现外汇市场剧烈动荡甚至出现经济或金融危机。在过去30多年的时间里，出现了两次大的强势美元周期，随后就出现了危机和世界经济的震荡。[1] 第

---

[1] 这里的划分与富兰克尔·J. A. 等（1994）的划分有所不同。本书划分的相对是美元升值的大周期，没有进一步区分这个过程中的波动。

一次强势美元周期大约是1980—1986年（1985年3月达到顶点），在此期间美元名义有效指数最多时升值了大约45.5%；强势美元带来了美国贸易赤字的扩大，2006年美国经常账户赤字达到历史的一个高点。在这期间，第一次危机就是1982年的拉丁美洲债务危机。许多拉美国家发行了美元计价的外国债务，这些国家必须获得贸易顺差来偿还债务，导致墨西哥、巴西、阿根廷等国家货币大幅度贬值以刺激出口，带来了外汇市场的剧烈动荡。第二次危机是美国为了降低强势美元带来的经常账户逆差的扩大，在1985年迫使日本签署了"广场协议"，日本为了维持日元的升值预期，不断强化金融市场低利率预期，最终导致了1990年资产价格泡沫的破灭，这是造成日本经济长期萧条的重要原因。第二次强势美元周期大约是1995年年初到2002年年初，在此期间美元名义有效指数升值了大约41.8%。这期间爆发了两次危机：1994—1995年墨西哥金融危机和1997—1998年东南亚金融危机。1994—1995年墨西哥金融危机的核心原因在于墨西哥吸收外资比例中的70%左右是短期外国投资，并用其弥补巨额的经常账户赤字，并且为了防止通胀，实行了钉住美元的固定汇率制度。1997—1998年东南亚金融危机与墨西哥危机有相似之处，也是实行钉住美元的固定汇率制度，也是通过吸收中、短期美元资本或外汇储备来弥补经常账户赤字。一旦市场形成美元步入升值通道的预期，美元将被诱致回流，大量的短期资本外流迫使比索和泰铢等货币大幅度贬值，并冲击股市，进一步强化本国货币贬值的预期，最终导致了墨西哥和东南亚金融危机。

美元是美国的，问题是世界的。美联储的每一次加息都带来了世界经济，尤其是外汇市场的动荡。对其他国家来说，美元加息意味着美元有走强的可能性[①]：加息的美元会带来美元的回流，加剧外汇市场的剧烈波动，在外汇储备不够充足的条件下，过大的资本外流必将导致资本流出国货币的大幅贬值。美元加息会加重以美元计价的外部债务的负担，当债务国无法偿还美元计价的债务时，也会爆发债务危机和外汇市场的剧烈震荡。历史上的美元持续加息导致美国经常账户逆差的扩大，并带来汇率摩擦和争议，也会带来外汇市场的动荡。

1. 2018年以来，美元加息带来了新兴市场货币汇率的剧烈动荡

本轮美元加息从2015年开始，经过8次加息，目前联邦基金利率处于2.0%—2.25%的区间。按照市场的预期，2018年年底加息1次，2019年有2次加息，2020年还有1次。即使按照每次25个基点来计算，联邦基金利率也会达到3.5%的水平。从中性利率水平来看，流行的（最常用的）中性利率水平是通过泰勒规则计算出来的利率水平。依据美联储泰勒规则模型计算出来的可以抵抗通胀的中性利率水平为3.0%—3.5%，这相当

[①] 美元加息是否一定带来美元走强，历史上并没有显著的因果关系。但在美元加息通道中，国际外汇市场出现动荡是常态。

于目前联邦基金利率的 1.5 倍。

另外，美联储开始了缩表计划。目前已经缩减了大约 5000 亿美元。从资产负债表的 4.5 万亿美元减至 4.0 万亿美元左右。未来还会继续缩表，按照市场目前的预期会缩减至 2 万亿美元左右（次贷危机之前只有 0.9 万亿美元）。

在美联储加息和缩表的进程中，2018 年新兴经济体发生了剧烈的外汇波动。图 4-21 列举了部分新兴经济体和发展中国家货币对美元贬值的情况（2018 年年初到 11 月 19 日汇率贬值超过 5% 的国家），可以看到阿根廷、土耳其、巴西、俄罗斯、印度和南非 6 个国家的货币对美元贬值幅度都超过了 10%，其中阿根廷和土耳其的货币贬值幅度高达 92.8% 和 40.4%。

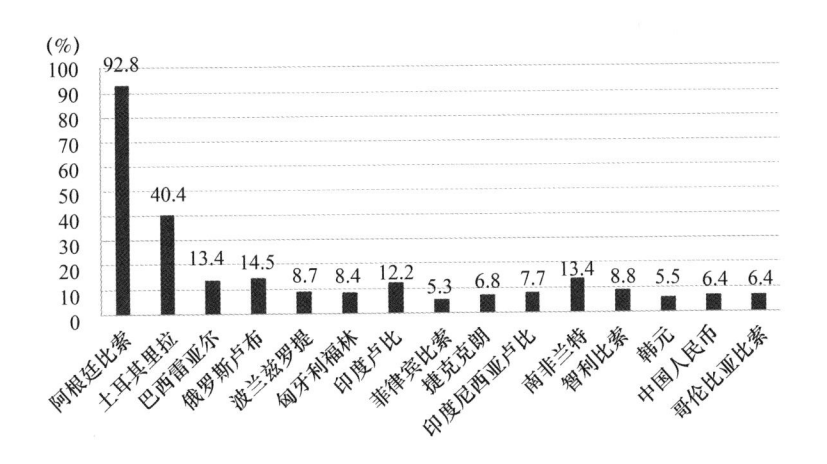

图 4-21 部分新兴经济体和发展中国家货币对美元贬值的幅度
(2018 年年初至 2018 年 11 月 19 日)

资料来源：https://cn.investing.com/currencies/usd-ars-historical-data。

这些汇率剧烈动荡的国家，要么具有大规模的外债，要么经常账户存在大规模的逆差或者经济结构单一。因此，在美元处于加息通道中，新兴经济体货币汇率的剧烈波动难以避免。

2. 美元信贷尽管有所下降，但在全球依然以较快的速度在膨胀，部分新兴经济体和发展中国家外部债务风险压力不减

流向新兴经济体（EMDEs）的美元信贷自2016年年中以来持续增长，2018年1—6月同比增长达到了7.36%，总量达到了3.7万亿美元。其中美元证券形式的债务增速最快，同比增速达到了14%。到2018年6月底，流向新兴经济体美元信贷的44%是以债务证券的形式发生的，相比2015年年底35%的比例增长了9个百分点。但到了2018年第三季度可以看出各类美元信贷的增长出现了明显下滑。相比2018年第二季度，第三季度美元信贷增速只有4.4%，美元债务证券的同比增速只有9.14%，而在2017年第三季度时这一增速达到17.4%（图4-22）。

新兴经济体对美元信贷债务需求增速的下降，充分反映了外部市场对美元走强的预期和担忧，而减少了美元计价的新增债务。即使如此，到2018年第三季度，流向新兴经济的美元信贷债务仍然高达3.66万亿美元（图4-23）。

随着美元计价债务增速的下降，全球流动性提供的角色发生了一定的变化，新兴市场开始加大寻求欧元和日元债务。2018年1—3季度欧元计价的信贷债务增速分别达到6.3%、6.8%和9.0%，使得第三季度欧元计价的信贷债务存量也高达3.2万亿欧

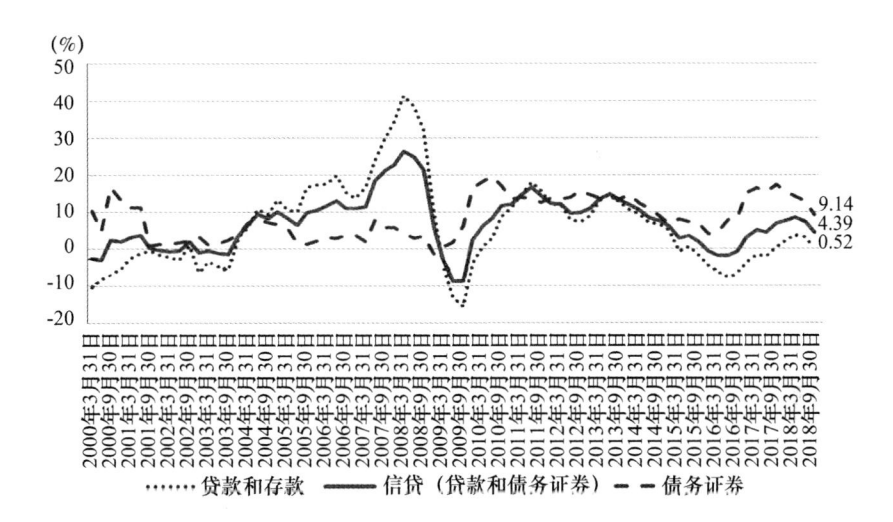

第四章 "大调整"背景下的世界经济面临的风险与不确定性 **131**

图 4-22 流向新兴经济体（EMDEs）的美元分类信贷的同比增速（2000 年 3 月至 2018 年 9 月）

资料来源：Global liquidity indicators (GLI), BIS。

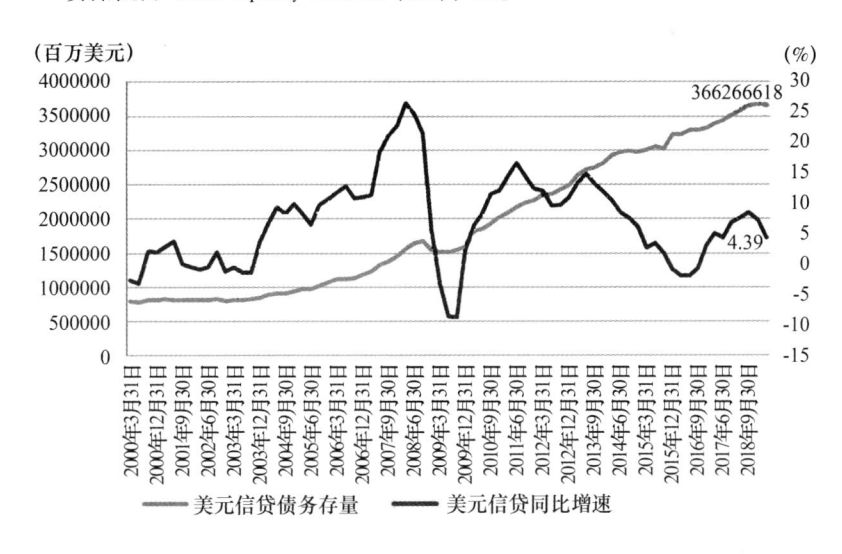

图 4-23 流向新兴经济体（EMDEs）的美元信贷存量和增速（2000 年 3 月至 2018 年 9 月）

资料来源：Global liquidity indicators (GLI), BIS。

元，这一债务总量和美元计价的债务总量相近。流向新兴经济体日元计价的信贷债务在2018年第三季度更是快速膨胀，增速达到11.9%，而第二季度的增速只有0.5%。到2018年第三季度末，流向新兴经济体的日元计价的债务存量也达到48万亿日元，大约为0.5万亿美元。因此，尽管新兴经济体在美元走强预期下寻求债务货币替代，但美元债务的存量仍处于历史高点，同时欧元和日元债务数量的增长，使得新兴经济体外部债务的压力变大。

从不同收入的发展中国家的外债存量来看，2008年次贷危机之后是不断增长的。2008年低收入、中低收入和中等收入国家外债存量占当年货物和服务出口的比例分别为98.4%、62.6%和62%，到了2016—2017年，这三者的比例分别上升到135.9%、103.4%和102.8%（图4-24）。新兴经济体外部融资需求带来的高杠杆，在美元加息的过程中，其潜在的风险暴露骤然加大。

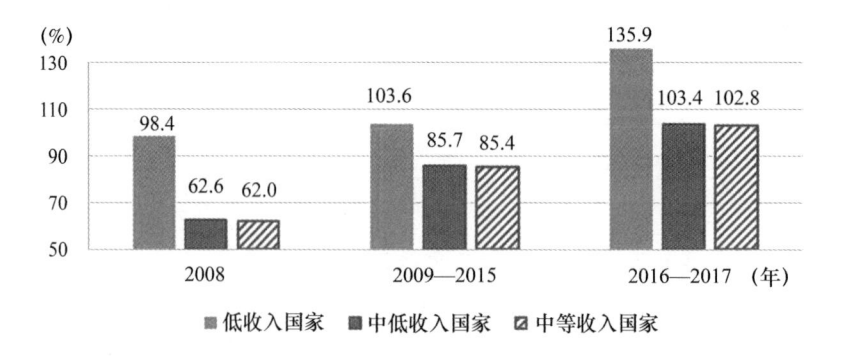

图4-24 不同收入组别发展中国家外债存量/货物和服务出口的比例

资料来源：World Bank, International Debt Statistics。

因此，一方面是新兴经济体外债增长，另一方面美元处于加息通道，且贸易摩擦会对出口产生负面冲击，发展中国家经济的脆弱性在增加。IMF（2018）列举了新兴经济体面临的风险，其中高杠杆是最主要的风险（表4-2）。因此，能否使用恰当的政策来缓冲外部冲击成为新兴经济体2019年面临的首要任务。

表4-2　　　　　　　　新兴经济体面临的风险和脆弱性

风险	脆弱性	缓冲
发达经济体货币政策正常化：强美元和提高利率 政治风险：贸易摩擦和政策不确定性以及传染效应	高杠杆、高外部融资需求、短期国外债务、投资者抽逃、贸易风险暴露	稳健的政策框架、外汇储备、财政缓冲、深度的金融市场、强大的本地投资者基础

资料来源：IMF，2108（Oct），Global Financial Stability Report—A Decade After The Fiancial Crisis: Are We Safter?。

◇◇ 三　内部债务的增长使得全球经济面临普遍的债务压力，去杠杆的过程无疑会加大经济增长的不确定性

（一）全球非金融部门信贷在2018年年中有所下降，但仍处于历史高位，依靠高杠杆增长是全球经济面临的重要问题

从2009年次贷危机全面爆发起，所有报告国家流向非金融

部门信贷存量/GDP比例都出现不同程度的上升。2008年年底新兴经济体、发达经济体和所有报告国家的这一指标分别为106.1%、232.1%和197.1%，2018年6月底，这一指标分别上升到182.9%、265.8%和233.7%（图4-25）。尤其是新兴经济体出现了约77个百分点的增长，但由于2018年新兴经济非金融部门信贷市场价值只有所有报告国家的30%左右，导致了整体上所有国家流向非金融部门信贷存量/GDP比例上升了36.6个百分点。因此，从非金融部门信贷债务总量来看，反危机后宽松的货币政策导致了全球经济体的债务都有明显的上升。从全球最重要的经济体G20来说，相比2017年3月底，2018年6月底非金融部门信贷存量/GDP比例上升了13.9个百分点。

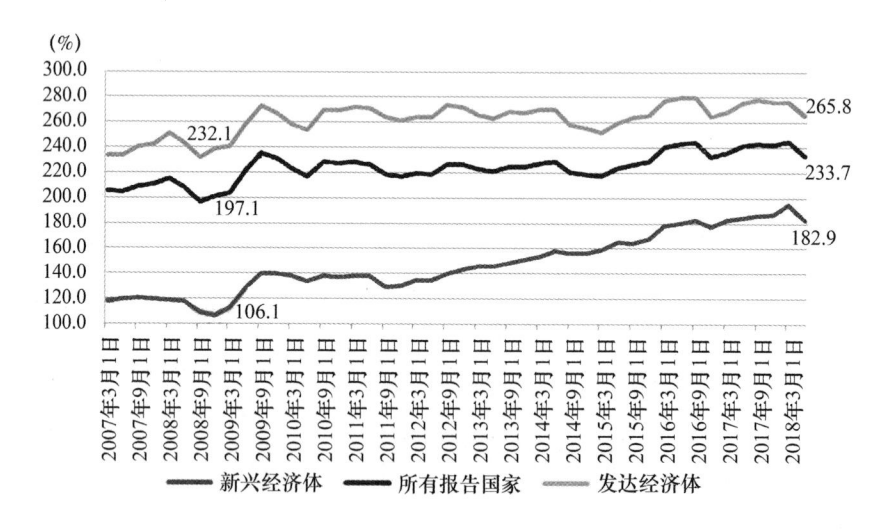

图4-25 全球及不同类型经济体非金融部门信贷存量/GDP比例的变化

资料来源：Global liquidity indicators（GLI），BIS。

第四章 "大调整"背景下的世界经济面临的风险与不确定性 | **135**

从全球主要的经济体来看，依据 BIS 提供的最新数据，与 2007 年年底相比，2018 年 6 月底美国、欧洲和日本非金融部门信贷存量/GDP 比例分别增长了 6.8%、19.6% 和 20.5%，而中国同期的增长幅度达到 78.2%。中国在 2007 年非金融部门信贷存量/GDP 比例为 142%，2018 年 6 月底达到 253.1%，这一比例已经超过美国的 248.9%，略低于欧洲的 260.8%，这一比例日本最高达到 370.7%（图 4-26）。因此，全球主要经济体的总体信贷债务杠杆都有不同程度的上升，反而是爆发次贷危机的美国非金融机构的信贷存量/GDP 比例上升是最小的，只有 6.8%。而中国的非金融机构信贷存量/GDP 比例涨幅是最高的，呈现出典型的信贷推动型增长模式。

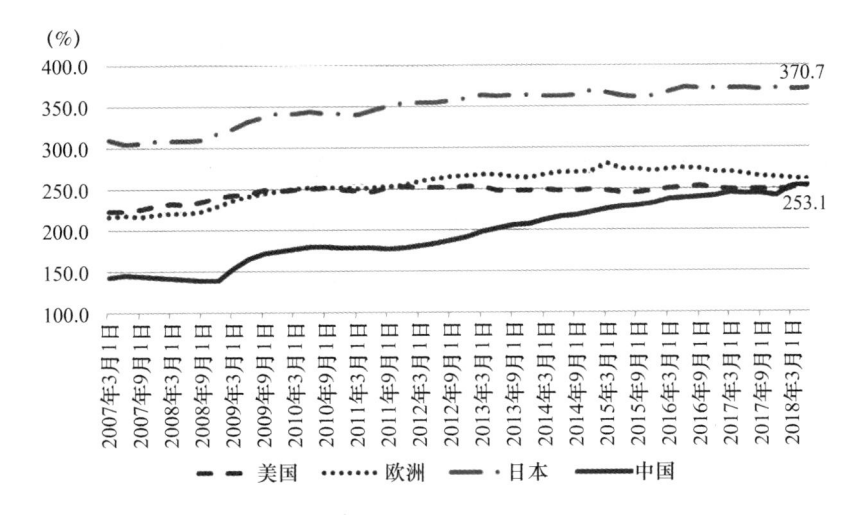

图 4-26 主要新兴经济体的非金融部门信贷存量/GDP 比例的变化

资料来源：Global liquidity indicators（GLI），BIS。

（二）全球债务结构出现了很大的分化，发达国家是政府部门高杠杆、居民去杠杆；而新兴经济体（尤其是中国）政府和居民杠杆率都在上升

危机前二十多年的"大缓和"阶段带来了债务累积和反危机刺激计划带来了债务的急剧增长，其深层原因在于凯恩斯经济思想长期主导了全球重要经济体的宏观政策，需求管理成为对付危机以及经济下滑的法宝，忽略了供给层面的管理。今天全球经济普遍面临低增长、高债务的困境（Ali, et al., 2013)[①]，经济总体处于债务超级周期。

从非金融部门总体债务来看，2007年年底新兴经济体所有非金融部门债务占GDP的比例仅为10.6%，而2017年年底达到了40.89%，十年时间增加了近3倍。发达经济体这一比例在2009年年底为96.92%，2017年年底达到126.31%，涨幅也达到30%。相比较而言，新兴经济体非金融部门债务过快的涨幅，增加了整个经济资产负债表的脆弱性（图4-27）。

从政府债务来看，次贷危机后的反危机措施在本质上也是政府债务的膨胀过程。2001—2008年，发达经济体、G7和欧元区政府的净债务占GDP的比例分别为49.9%、55.3%和54.5%，尽管一场反危机的经济政策下来，经济的恢复不尽人意，但政府债务却快速膨胀。2018年发达经济体、G7和欧元区政府的净债

---

① Ali, A.S., et al., "Dealing with High Debt in an Era of Low Growth", IMF, *Staff Discussion Note*, No.7, 2013.

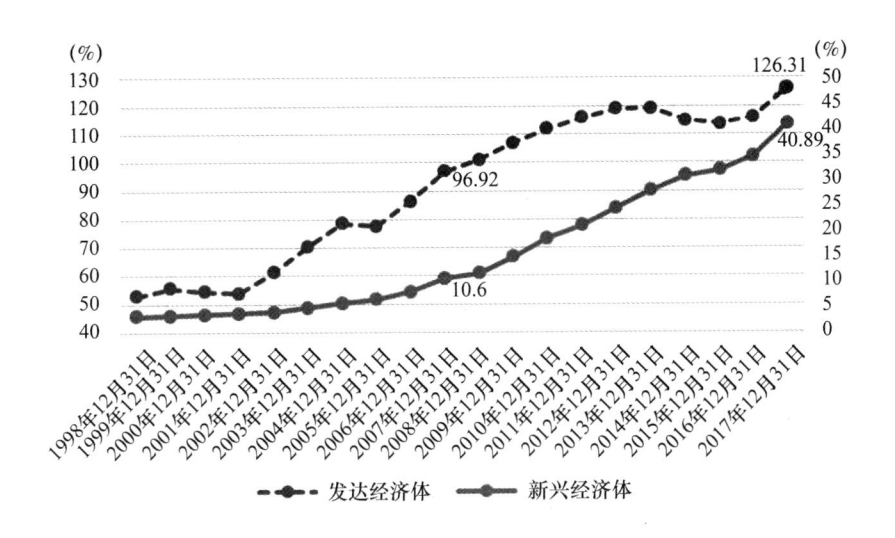

第四章 "大调整"背景下的世界经济面临的风险与不确定性 | **137**

图 4-27 所有非金融部门债务/GDP 的变化

资料来源：IMF（2018），Global Financial Stability Report。

务占 GDP 的比例分别上升到 73.9%、84.8% 和 69.5%，大量的财政赤字已经成为发达经济体的常态。而且越是发达的国家，政府的净债务占 GDP 的比例越高（图 4-28）。

中国政府的净债务上升的速度也很快。2001—2008 年中国政府净债务占 GDP 的比例仅为 26.3%，随着反危机 4 万亿刺激计划的推出，中国政府净债务直线上升，2009—2017 年年均达到 38.3%，2018 年达到 50.1%，2017 年也有 47%。因此，反危机带来的是世界上主要经济体政府债务规模的急剧扩大。

从居民债务来看，全球居民债务趋势发生了明显的分化。重要的发达经济体，尤其是美国和欧元区居民债务/GDP 的比例在 2009 年以来是下降的，家庭存在明显的去杠杆过程。

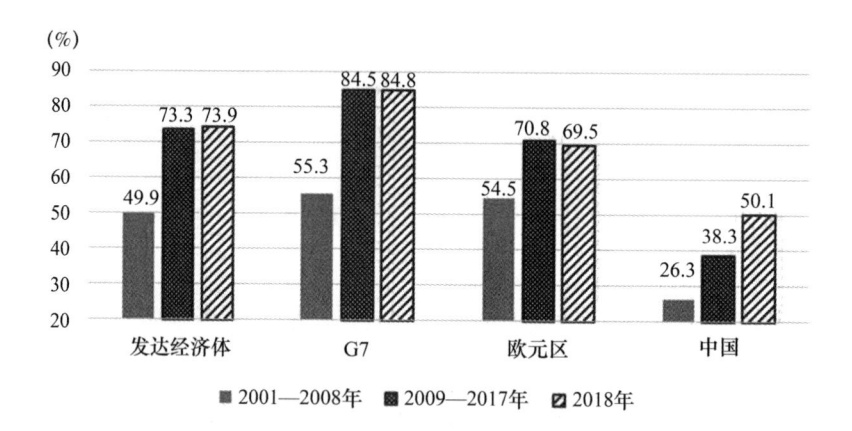

图 4-28　主要经济体政府净债务占 GDP 的比例（2001—2018）

资料来源：IMF, World Economic Outlook Database, October 2018。

2009 年年底，美国和欧元区的居民债务/GDP 的比例分别为 95.8% 和 63.4%，到了 2017 年年底两者分别下降到 78.7% 和 57.2%，尤其是美国居民杠杆率大幅度下降，下降了 17 个百分点，2002 年和 2017 年美国居民的债务杠杆率水平接近。美国居民在过去 20 年经历了一个典型的加杠杆再去杠杆的过程，其杠杆率最高点在 2008 年 3 月（也就是次贷危机全面爆发的前期），达到 98%。反观除了中国以外的新兴经济体，由于其杠杆率较低，反危机至今，居民债务/GDP 的比例仅上升了 3 个百分点。中国的居民杠杆率则出现了快速的上升，2009 年年底中国居民债务占 GDP 的比例为 23.5%，到了 2017 年年底这一比例上升到 48.4%，上涨幅度达到 1 倍多，这一水平与欧元区的状况仅差 8.8 个百分点（图 4-29）。这说明中国在反危机后的宏观政策基本上是全民加杠杆：政府加杠杆、企业加杠杆和居民加杠杆。因此,"去杠杆"成为中国经济供给侧结构性改革的重要内容。

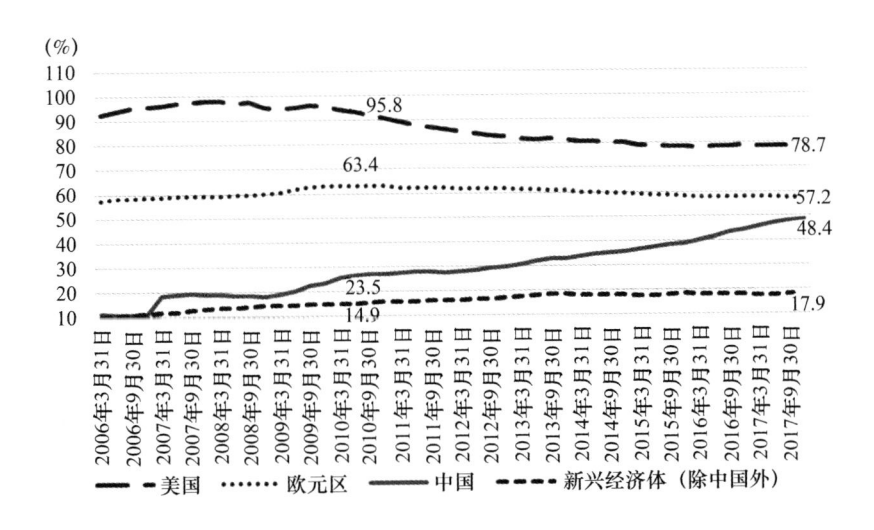

图4-29 主要经济体居民杠杆率(居民债务/GDP)的变化

资料来源:Global Financial Stability Report: A Decade after the Global Financial Crisis: Are We Safer?, Oct, 2018。

从反危机措施至今的政策措施来看,美国和欧元区等发达经济体是通过政府债务的增长来置换家庭和企业杠杆率的下降,而新兴经济体是全面的加杠杆,结果就是偿还债务的压力越来越大。图4-29显示了全球最重要的经济体私人非金融部门债务偿还占收入的比例,可以看出,德国的偿债比例是最低的,从2000年年底最高点13.5%一直下降到2018年第二季度的9.7%;美国在次贷危机前经济有一个明显的加杠杆过程,高点出现在2007年年底,为18.3%。此后美国的私人非金融部门也存在一个明显的去杠杆过程,到2018年第二季度末这一偿债比例下降到14.7%,和日本的14.2%接近。值得关注的是中国私人非金融部门的债务偿还占收入的比例在反危机后一直呈现出上升态势,2009年第一季度为11.4%,而2018年第二季度达到19.5%,在全球大经济体中居于首位(图4-30)。

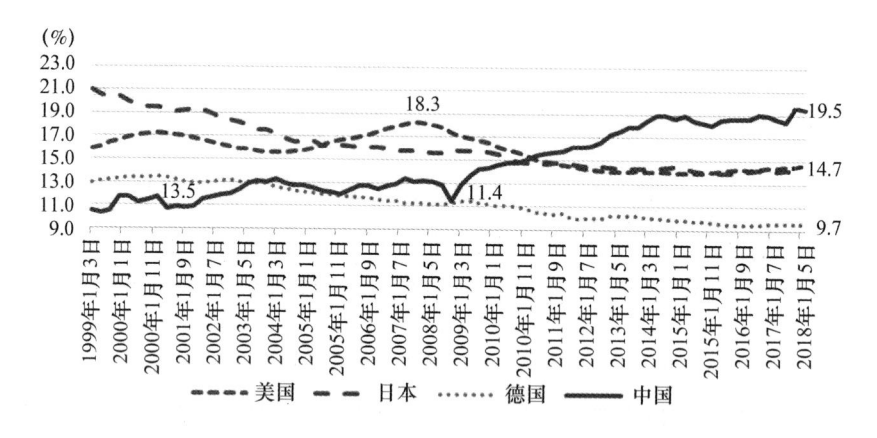

图4-30 不同经济体私人非金融部门债务偿还占收入的比例

资料来源：BIS, Debt Service Ratio for the Private Non-financial Sector。

发达经济体过多的债务主要集中在政府,而这是以政府债券形式来筹资的,流向非银行金融机构的信贷增速远远低于新兴经济体。结果新兴经济体由于过快的信贷膨胀,导致了银行不良资产率的攀升。到2017年年底,新兴经济体银行不良资产率达到4.88%,这一比例超过了2009年年底的4.67%。发达经济体银行系统的稳健性有明显上升,相对于2013年年底的4.47%,到2017年年底已经下降到2.79%(图4-31)。因此,金融体系银

第四章 "大调整"背景下的世界经济面临的风险与不确定性 | **141**

行系统的风险主要集中在新兴经济体。

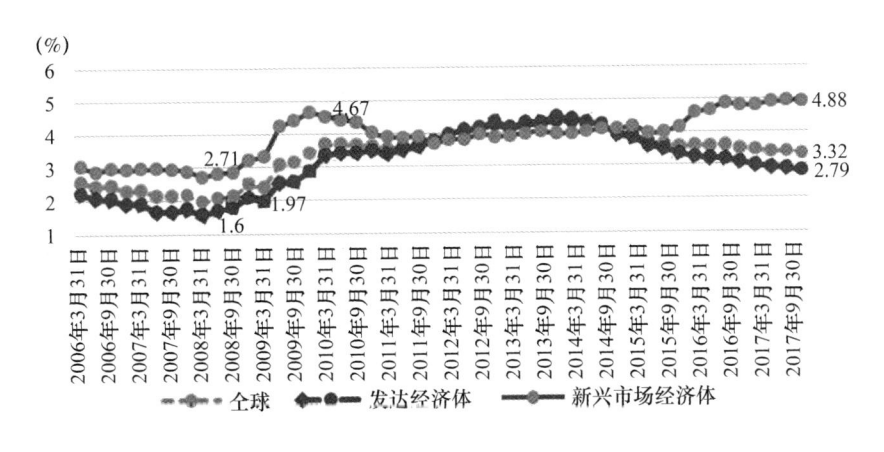

图4-31 全球及不同经济体银行不良资产率

资料来源：Global Financial Stability Report：A Decade after the Global Financial Crisis：Are We Safer?，Oct，2018。

因此，这个超级债务周期具有的特点是发达国家政府债务高风险、新兴经济体公司债务高风险、个人杠杆高风险。发达经济体政府债务的高风险使得财政政策几乎失效；而新兴经济体公司债务的高杠杆使得金融食利了企业利润，降低了企业内部盈余的自生能力，银行不良资产率的上升又约束了融资环境。因此，在降杠杆和融资环境不出现重大改变的条件下，需求之困带来的市场容量和盈利下降导致的自生能力减弱双重挤压企业的生存和发展空间，企业投资就会出现较大幅度的下滑；而居民的高杠杆决定了消费难以有大的改观，部分新兴经济体的增长将面临下行的压力。

◇◇ 四 贸易摩擦将导致经济全球化的重塑,一个"破与立"的进程中,既有的全球分工的价值链会发生变化,全球增长极和贸易增长也会下滑

(一) 美国发起的贸易摩擦不会导致长期的经济逆全球化,特朗普贸易摩擦的本质是通过逆全球化来实现有利于美国的经济全球化重塑

从全球经济发展史来看,发达经济体一直是贸易依存度最高的经济体。在20世纪70年代高收入组别国家的外贸依存度就达到了27.2%,而中高收入、中等收入和中低收入组别的国家贸易依存度分别为16.9%、18.0%和18.2%。几乎所有经济体的贸易依存度都是上升的,在这个意义上,世界贸易史也是一部全球经济增长史。到2017年,高收入组别国家的贸易依存度达到了61.9%,而其他组别的国家也基本上超过了50%的水平(图4-32)。

发达经济体充分利用全球分工的格局,从发展中国家获取了大量低价的资源,在全球化过程中充分享受了发展中国家的人口红利和资源红利。中国由于经济和技术的快速发展,开始

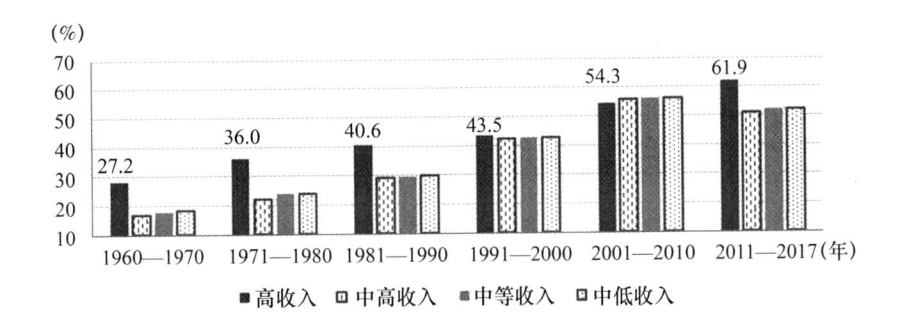

图 4-32 全球不同收入组别的贸易依存度的变化

资料来源：World Bank，World Development Indicators，2019/1/30。

逐步分享发达经济体曾经享有的全球化红利，因此，以特朗普为代表的发达经济体开始重新制定全球贸易和投资规则，希望通过经济全球化的重塑来维持发达经济体技术垄断所拥有的超额技术红利。

首先，从美国的 GDP 与 GNP 来看，美国从全球化中获得了很大的收益。2000 年美国 GNP-GDP 只有 351 亿美元，这意味着美国从世界其他国家比外国从美国多挣了 351 亿美元。2017 年这一数额变为 2437 亿美元，而进入 2018 年 1—2 季度这一数额达到 2670 亿美元（图 4-33）。

其次，从美国对外资产和负债状况来看，根据经济分析局（BEA）最新发布的统计数据，美国的国际净投资头寸从第二季度末的 -88451 亿美元降至 2018 年第三季度末的 -96272 亿美元，7821 亿美元的下降反映出美国资产增加 1355 亿美元，美国负债增加 9176 亿美元。2018 年第三季度，美国对外投资总资产

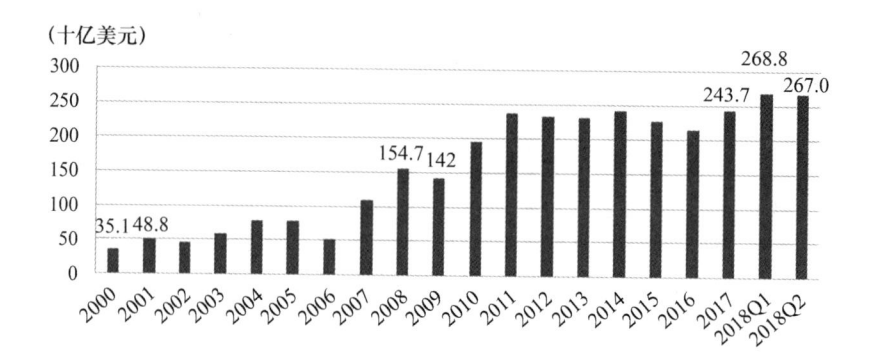

144 | "大摩擦""大调整""大变局"的世界经济

图 4-33　美国 GNP-GDP 数额的变化（2000—2018Q2）

注：季度是年率数据。

资料来源：笔者依据 Bureau of Economic Analysis 提供的数据计算。

达到 27.15 万亿美元，负债达到了 36.78 万亿美元。这说明美国是在其国际投资净头寸 -8.8 万亿美元的状况下，利用国际资本负债来赚取外部投资收入。

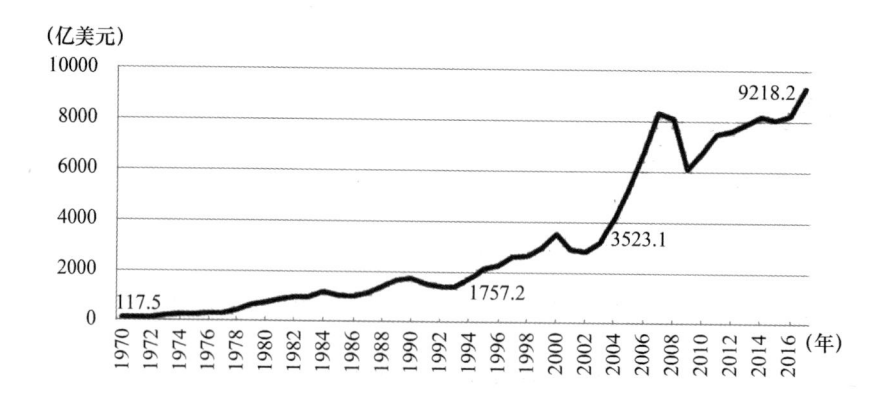

图 4-34　美国对外投资收入（1970—2017）

资料来源：BEA，Table 1.1. U.S. International Transactions。

从图 4-34 可以看出,1970 年美国对外投资收入只有 117.5 亿美元,1990 年为 1757.2 亿美元,2000 年达到 3523.1 亿美元,但 2017 年年底达到了 9218.2 亿美元,逼近 1 万亿美元大关。这就是说美国利用美元体系和世界上最发达的金融市场在不断地从国外赚取收入。

美国作为国际货币体系的中心国家,明显享有"过高的特权"。Pierre-Olivier Gourinchas 和 Hélène Rey(2005)利用一个新构建的数据集对美国自 1952 年以来以市场价值计算的外部资产和负债的历史演变进行了详细分析,发现美国总资产的超额回报率明显超过了总负债的成本。在布雷顿森林固定汇率体系崩溃后,这种超额回报率有所上升。这主要是由于"回报折扣":在每类资产中,美国支付给外国的总回报(收益和资本收益)必须小于美国从其外国资产获得的总回报。同时该研究还发现了"组合效应"的证据:美国倾向于借短贷长,随着金融全球化步伐的加快,美国从一个世界银行家已经蜕变为一个世界风险资本家,在股票和外国直接投资等高收益资产上投入了更多资金[1]。

因此,美国不会逆转全球化,而是想按照"美国优先"来重塑全球化,一方面减缓发展中国家(主要是中国)追赶美国经济的步伐;另一方面用"美国优先"来获取更大的利益。

---

[1] Pierre-Olivier Gourinchas, Hélène Rey, "From World Banker to World Venture Capitalist: US External Adjustment and The Exorbitant Privileg", Paper for NBER Conference on G7 current account imbalances: Sustainability and Adjustment, 2005.

（二）贸易和投资摩擦带来经济全球化的重塑，在这个重塑的过程中，既有全球分工的价值链会发生深刻变化

表4-3给出了自2017年到2018年5月美国发起贸易摩擦的重大事件。从特朗普发起贸易摩擦的产品范围来看，主要侧重于制造业和技术，而这恰恰是中国和其他制造业先进国家（如德国、日本等）最重要的行业。特朗普希望通过减税和贸易摩擦的组合策略带来"一石双鸟"的效果：一方面引导制造业回流，通过技术链和产业链重构调整美国经济的外部不平衡；另一方面打压其他相关经济体。

表4-3　　　　　　　　　美国发起贸易摩擦的领域

贸易摩擦1：太阳能电池板和洗衣机进口伤害了美国工业	美国国际贸易委员会就进口太阳能电池板（2017年10月31日）和洗衣机（2017年11月21日）建议特郎普实施"全球保障"限制，2018年1月22日特朗普批准了太阳能电池板85亿美元和洗衣机18亿美元保护性关税，涉及中国和韩国；随后中国对来自美国大约10亿美元的高粱征收178.6%的反倾销税，韩国则认为美国的行为违反了WTO规则，开启WTO争端解决机制
贸易摩擦2：钢铝进口威胁了国家安全	按照《1962年贸易扩展法》232条款，特朗普2017年4月20日和27日分别授权美国商务代表罗斯对钢铁和铝进口威胁国家安全进行自主调查，涉及中国、墨西哥、德国、日本、欧盟、加拿大和韩国
贸易摩擦3：技术和知识产权不公平的贸易行为	按照2017年特朗普签署的备忘录，同年8月18日美国贸易代表莱特希泽按照《1974年贸易法》301条款，对有可能伤害美国知识产权、创新和技术发展的中国法律、政策、行为或者行动展开调查，2018年4月3日特朗普政府发布了对1333种价值达500亿美元的中国产品征收25%的关税，随后中国开始同等规模的征税
贸易摩擦4：汽车进口威胁国家安全	2018年5月23日美国商务部在特朗普的授意下发布了汽车及其配件的进口调查，涉及2080亿美元的汽车进口（不考虑汽车配件部分），涉及美国主要的联盟国家

资料来源：Chad P. Bown and Melina Kolb, "Is Trump in a Trade War? An Up-to-Date Guide", *Trade & Investment Policy Watch*, PIIE, June 15, 2018。

Lovely, M. E. and Yang Liang（2018）最近的一项研究表明，301关税条款实际上是用20世纪的贸易壁垒应对21世纪包含知识（Knowledge-Embodying）的贸易链，会打击跨国技术供应链，也会损害美国技术的竞争力，而且最近修正的关税对非中国企业的全球供应链打击更大。图4-35给出的美国目标进口来自中国国内企业和非中国的跨国企业的重要技术产品份额表明，301关税条款将对全球技术链的重构产生重大影响，不管这些企业是否是非中国的跨国企业。在美国大幅度减税的刺激下，特朗普对全球技术链的打击是希望这些制造业尽可能多地流回美国。

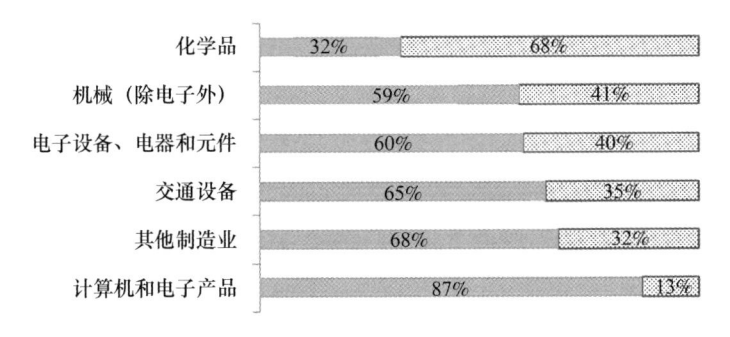

类别	非中国的跨国企业	中国国内企业
化学品	32%	68%
机械（除电子外）	59%	41%
电子设备、电器和元件	60%	40%
交通设备	65%	35%
其他制造业	68%	32%
计算机和电子产品	87%	13%

图4-35 美国的目标进口来自中国和非中国跨国企业的比例（2017）

资料来源：Mary E. Lovely and Yang Liang, 2018, Revised Tariffs Against China Hit Non-Chinese Supply Chains Even Harder *Peterson Institute of International Economics*, Charts, June 18。

2018年贸易摩擦给全球价值链带来的变化产生了深远影响。事实上，美国主动打破中美经贸关系是因为美国可能在某种程度上能找到更便宜的进口替代品[①]，这将导致全球产业链及其价值链的直接变化，其他国家，如越南或者印度将成为一些著名跨国企业（如苹果公司等）设立生产企业的目的地。全球跨境供应链的转折点发生在2012年，2012年北美来自本地区的外国投入在产业中的比重大约为33%，到2016年上升至大约36%；亚洲在同一时期从大约33%上升到大约40%，而欧盟则从大约47%上升到54%[②]。这和最近十年来全球区域性贸易协定数量的急剧增长直接关联，区域化缩短了全球产业链。

（三）贸易摩擦是导致全球贸易增速维持低位的重要原因之一，"大平庸"周期将会延展

贸易是全球经济增长的重要动力。次贷危机爆发后，相对于经济增速下降的幅度，全球贸易增速下降的幅度更大。相对于次贷危机之前，2010—2014年的贸易强度（贸易增长率/GDP增长率）有明显的下降，但全球贸易增速依然是全球经济增速的1.4倍。2015年和2016年全球贸易增速相对于全球经济增速进一步下滑，贸易增速只有经济增速的83%和68%。

[①] Ryan Monarch, "It's Not You, It's Me: Breakups in U.S.-China Trade Relationships, Board of Governors of the Federal Reserve System", *International Finance Discussion Papers*, No. 1165, 2016.

[②] 来自英国《经济学人》杂志，2019年1月24日。

2017年全球经济处于恢复阶段，贸易增速再次超过经济增速，但2018年美国发起的全球贸易摩擦再次使得贸易增速相对于经济增速出现下滑。依据IMF（2018）的预测，2018—2020年世界贸易增速大约是经济增速的110%，这与次贷危机之前全球贸易增速是经济增速的158%相比有显著下降。因此，贸易作为全球经济增长的重要引擎将受到约束，"大平庸"周期将会延展（图4-36）。

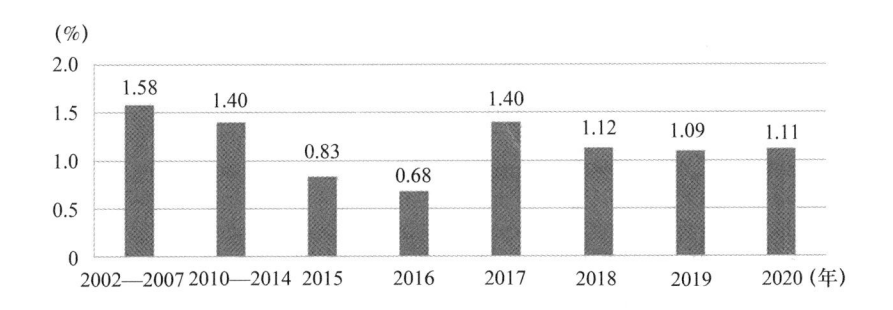

图4-36 全球贸易强度（贸易增长率/GDP增长率）的变化

资料来源：IMF，WEO，2018。

（四）中美经贸关系联系紧密，但投资关系一直处于稀松状态，2018年中国对美国的FDI投资关系几乎呈现断裂状态

从中国2017年出口到美国5000多亿美元商品和从美国进口2000多亿美元商品紧密的经贸关系相比，中美投资关系一直处于稀松状态。2009年美国在中国的FDI头寸占美国对外FDI头寸的1.52%，2017年年底也只有1.79%；而中国 FDI 在美国市场上的占比就更低。2009 年中国 FDI 占全球在美国 FDI 的 0.08%，到了 2017 年这一比例上升到 0.98%（图 4-37）。

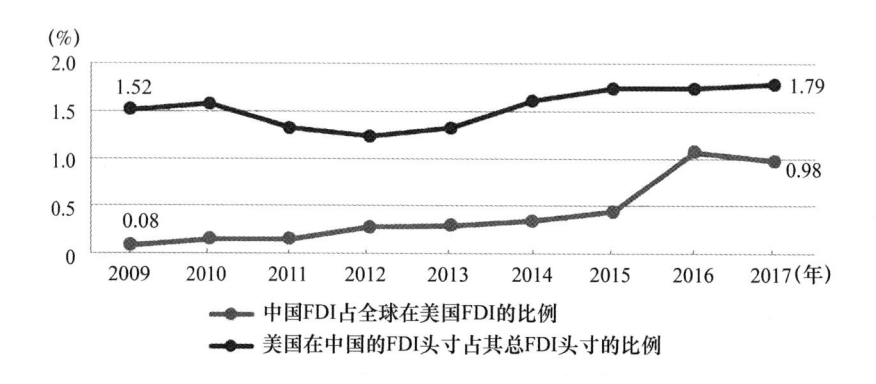

图 4-37　中美之间 FDI 投资关系的变化（1997—2017）

资料来源：笔者依据 BEA，Balance of Payments and Direct Investment Position Data 提供的数据计算。

2018 年，中国在美国的投资几乎枯竭。与 2017 年相比，2018 年中国对外直接投资（FDI）预计将下降 86%，从 294 亿美元降至 40 亿美元[①]。投资者在特朗普政府的贸易战和新的美国立法中避而远之，这项立法赋予了更多的权力来监控中国对美国的外国直接投资。因此，中国对美国的直接投资几乎出现了断裂。

---

① Jeffrey J. Schott (PIIE) and Zhiyao (Lucy) Lu (PIIE), "Investment from China into the United States Has Fallen to Nearly Zero", https://piie.com/research/piie-charts, 2018.

（五）美国发起的贸易摩擦会导致全球贸易投资限制规则的提高，限制和阻碍了技术贸易和技术扩散，在某种程度上意味着技术贸易稀缺性的增加和更为严酷的技术竞争

随着发达国家20世纪80年代的"去工业化"，部分技术含量相对低的行业被转移到发展中国家；随着技术的引进、"干中学"以及自主研发的逐步深化，发展中国家的"有限后发优势"逐步得以体现（王晋斌，2010)[①]。这也是发展中国家追赶发达经济体的重要渠道。

次贷危机后，由于全球技术进步放缓，更重要的是以中国为代表的新兴经济体在技术进步上取得了长足的进步，南北技术差距呈现出了缩小的态势。在这样的背景下，以美国为首的西方发达经济体开始了技术禁售，试图维持其技术的先进性和垄断性。

事实也是如此。尽管发展中国家的高技术制造业在国际贸易中的比例不断上升，但经济全球化并没有大范围缩小全球的技术红利差距。依据OECD提供的数据，除中国之外的亚洲-8[②]和其他国家2010年的出口份额与1998年的相当，十几年来基本没有变化，大约维持在40%。唯一的例外是中国加入WTO后，中国高技术出口在全球的份额上升很快，打破了这种"平衡"。2010年中国高技术出口达到国际市场出口份额的22.3%，超过

[①] 王晋斌：《对中国经济出口导向型发展模式的思考》，《中国人民大学学报》2010年第1期。

[②] 亚洲-8：印度、印度尼西亚、马来西亚、菲律宾、新加坡、韩国、中国台湾、泰国。

了美国的 15.2%、欧盟的 15.7%、日本的 6.5%。

中国高技术出口份额快速增长，但高技术附加值的增长速度相对缓慢。换言之，更多的发展中国家在高技术领域具有"打工者"性质，发展中国家存在落入高技术产品、低附加值困境的风险。为了刻画这一特征，我们采用制造业高技术增加值除以高技术出口市场份额，即每单位市场份额拥有的增加值来表示不同国家和区域在国际市场上的技术红利差距。图 4-38 显示，与 1998 年相比，2010 年中国、亚洲-8 和世界其他国家与美国等发达经济体在国际市场上每单位市场份额的高技术增加值的差距扩大。1998 年中国、亚洲-8 和其他国家的这一差距分别是 7.84、8.98 和 6.14，到了 2010 年分别为 13.6、19.3 和 15.3。值得一提的是中国高技术每单位市场份额的增加值超过了亚洲-8 和世界其他地区，制造业附加值的提升表明中国制造业有向中高技术漂移的趋势。

从美国技术贸易和投资来说，2018 年发生了重要的转折，美国通过出台法案严禁技术扩散。2018 年 6 月《外国投资风险审查现代化法案》加强了对外国在美国的投资的审查，涉及高科技行业的审查更为严格：扩大了审查范围和交易内容。并有专门的条款明确要求美国商务部每两年向国会提交"中国企业在美国的 FDI"和"中国国企在美交通行业的投资"报告。2018 年 7 月美国国会通过了《出口管制改革法案》，强化了美国总统对出口管制的行政权力。2018 年 11 月，美国商务部产业与安

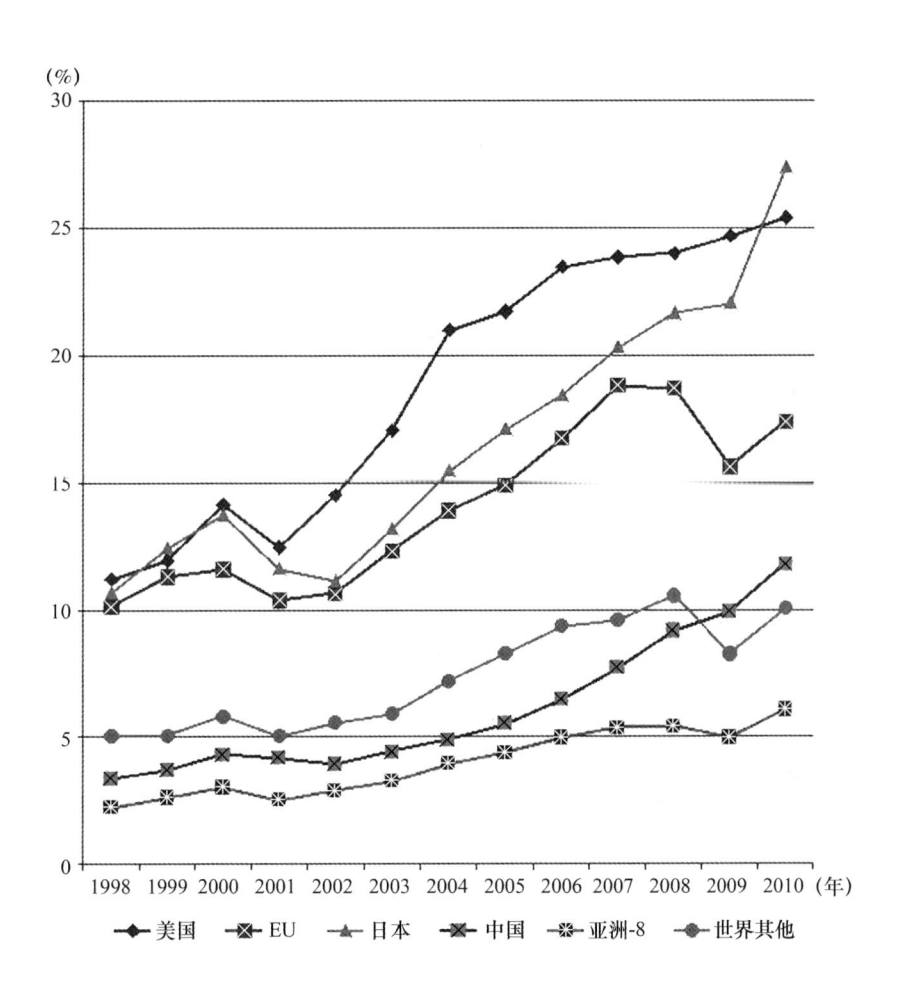

图 4-38 国际市场上高技术贸易的红利差距（1998—2010）

注：市场份额用百分数表达。

资料来源：National Science Foundation, National Center for Science and Engineering Statistics, special tabulations (2011) of IHS Global Insight, World Trade Service database. *Science and Engineering Indicators*, 2012。

局（Bureau of Industry and Security）按照该法案的要求，修订和出台了涉及14个领域的多项技术出口控制，涉及的技术出口都要受到美国商务部的监督和审核。这些技术包括：（1）生物技术；（2）人工智能和机器学习技术；（3）定位、导航和定时技术；（4）微处理器技术；（5）先进计算机技术；（6）数据分析技术；（7）量子信息和传感技术；（8）物流技术；（9）增材制造；（10）机器人；（11）脑机接口；（12）高超音速空气动力学；（13）先进材料；（14）先进监控技术。这些技术与"中国制造2025"有较多的重叠部分。因此，强化对中国的技术出口管制甚至封锁成为美国对中国技术贸易的基本策略。最近美国能源部（DOE）出台了2项政策备忘录，2018年12月14日发布了禁止DOE资助的研究人员在新兴科技领域与所谓的敏感国家的研究人员展开合作的政策备忘录。这些领域包括人工智能、纳米科技、先进制造、量子信息等。2019年1月31日发布了全面禁止DOE资助的研究人员参与外国人才引进计划。这两个禁令限制不仅仅针对美国的科技人员，也包括在美国开展合作的其他国家的科技人员，因此美国这种闭关锁国的科技政策对全球科技的交流与传播有重大的负面影响。

上述技术都是新技术革命的关键技术。对关键技术出口的限制以及对外国到美国投资的限制，将极大约束跨国合作和新技术的扩散，重要的技术进步将更多依靠自己的研发。经济全球化的重塑在某种程度上意味着技术贸易稀缺性的增加和更为严酷的技术竞争。

（六）美国域外管辖权的滥用必然会引起越来越多的贸易和投资纠纷

特朗普政府以"国家安全"为由为外国在美国的投资设置障碍，采取了多种措施，如2018年4月的"中兴事件"、2018年10月底美国对福建晋华发出的禁止出口限令、2018年12月的孟晚舟事件以及2019年年初起诉华为的事件。这些事件都有一个共同点，都是涉及5G通信技术。特朗普及其团队认为5G是下一代重要的工业和通信技术，因此，任何外国公司想引领5G技术都应该受到打压。2018年4月16日，美国商务部公布了对中兴通讯的制裁，禁止美国公司7年内与中兴开展任何业务，包括软件、技术、芯片等，理由是中兴违反了美国限制向伊朗出售美国技术的制裁条款。到7月12日，中兴在缴纳4亿美元的保证金后，正式恢复运营，加上之前的10亿美元，中兴共缴纳了14亿美元的罚款，还被迫更换了全部董事会成员。

2018年10月底，美国对福建晋华发出禁止出口限令，理由是美国芯片公司美光科技认为福建晋华剽窃了美光的专有技术。限令使得晋华无法从美国进口更多的内存芯片作为生产所需要的原材料，预计2019年3月将进入停产状态。

对于华为，美国重点关注。美国国内全面封杀华为，包括华为手机。在国际上，拉拢亲美国家一起禁用华为设备。2018年

12月1日，孟晚舟在途经加拿大停留时，被加拿大当局拘押。2019年1月29日，美国司法部宣布了对华为公司、有关子公司及其副董事长、首席财务官孟晚舟的指控，总计23项，指控华为欺诈、窃密等罪名，并声称即将向加拿大提出对孟晚舟的引渡请求。

以上事件说明美国的司法系统早已介入全球的关键技术竞争。历史上，美国利用海外反腐败法（FCPA，1977年颁布）实施辖外管治权的案例比比皆是。2019年1月19日《经济学人》杂志针对FCPA写了2篇专栏，报道美国利用FCPA榨取了欧洲许多企业的财富，也报道了法国的Alstom如何被美国打击，最后部分自行拆解，卖给美国通用公司（GE）的过程。[①]

图4-39给出了自2010年以来遭遇FCPA罚款的前十名公司。可以看出80%的公司都是非美国公司。美国利用这种办法一方面打压国外的高技术企业，另一方面获得高额的罚款。同时在美国国内培养一批从事此行业的专业人士，不断地搜刮外国高技术行业的财富。

美国在许多方面形成了域外管辖权的法律体系，在《反托拉斯法》《证券法》和《反海外腐败法》都有专门的条款。美国实行域外管辖的目的只是保护美国公司的利益。比如，在对外贸易方面，美国法院对《反托拉斯法》的适用主要是针对美国的进

---

① 王孟源：《美国是如何利用域外管辖权欺凌外国科技公司的》，来自mp. weixin. qq. com网页。

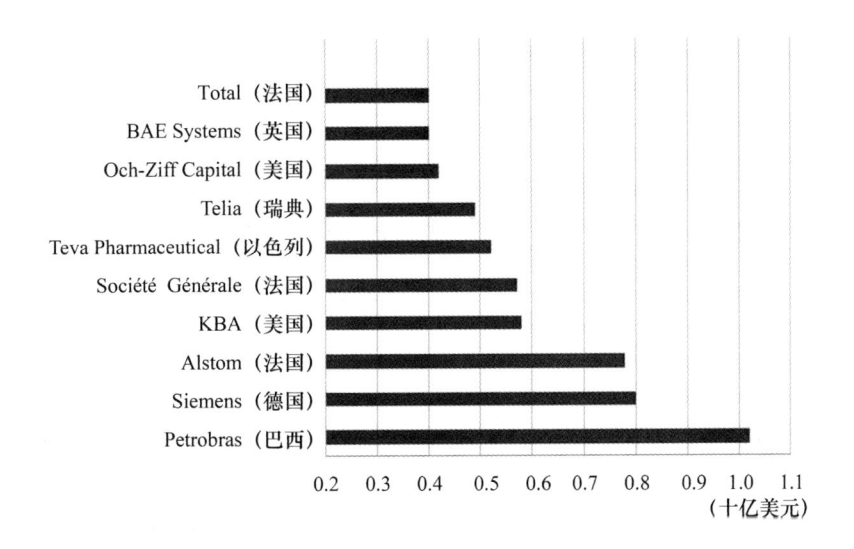

图 4-39　2010—2018 年遭遇 FCPA 罚款的前十名公司

资料来源：Standford Law School。

口贸易，而不是美国的出口贸易，因此针对的是外国公司。美国实行域外管辖权的主张必然与其他国家的经济利益相悖，当然会受到这些国家的反对与抵制。而美国与外国的利益冲突加剧了他们之间的法律冲突，美国与其他国家之间的管辖冲突进而引起了法律对抗。

第五章　长期增长视角下的世界经济

次贷危机拉开了"大平庸周期"的序幕。1998—2007 年，发达经济体名义 GDP 年均增速为 2.77%，G7 为 2.44%，新兴经济体和发展中国家分别为 5.82%、7.59%；2018 年，上述经济体经济增速下降的幅度分别达到 15.1%、10.4%、19.6% 和 14.1%。同一时期，全球经济增速也出现了 11.2% 的下滑。这就是说，即使次贷危机过去了十年，全球经济增速也只有次贷危机前十年增速的 88.8%。因此，全球经济增速出现了普遍的放缓。

◇◇ 一　发达经济体潜在 GDP 出现了下滑，是全球经济增速放缓的内生性原因之一

（一）发达经济体潜在 GDP 下滑，意味着实体经济投资平均收益率出现了内生性下滑

从潜在 GDP 缺口来看，2013 年之后，主要经济体的产出缺口在收窄，但实际增长率在下滑，这充分说明发达经济体潜在

GDP在下滑,全社会的投资平均收益率在下降。IMF(2015)[①]的估计显示了发达经济体经济增速下滑的60%是由于潜在产出水平下降引起的,而新兴经济体产出下降的70%是由于潜在产出水平下降所致。值得注意的是,发达经济体、欧元区和G7的潜在GDP在2017年后开始转正,2018年分别为0.47%、0.31%和0.62%,但2018年三者的经济增速分别为2.4%、2.0%和2.2%。而1997—2007年三者的实际经济年均增速为2.8%、2.4%和2.5%。那么可以看出,在产出水平超过潜在产出水平的2018年,其实际增速却低于1997—2007年的年均水平。2018年美国、英国、德国和日本的潜在GDP缺口分别为1.1%、-0.05%、1.2%和-0.26%,这表明最重要的发达经济体美国和德国的潜在GDP缺口为正(美国和德国分别为1.1%和1.2%),而经济增速为2.9%和1.9%,说明其潜在产出水平分别为2%和1%。英国和日本潜在GDP缺口为不大的负值,考虑到2018年其经济增速分别为1.4%和1.1%,因此,其潜在产出水平也均在1.5%左右。

潜在GDP的下滑意味着全社会平均投资收益率的下滑,尤其是资金利率水平的下滑。King和Low(2014)的一项重要研究表明,全球主要经济体十年期债券的平均收益率在过去几十年中是明显下滑的(图5-1)。从20世纪80—90年代的大约4%下降到2010—2013年的不足0.5%。这也是Summers(2014)所说的

[①] IMF, WEO, 2015.

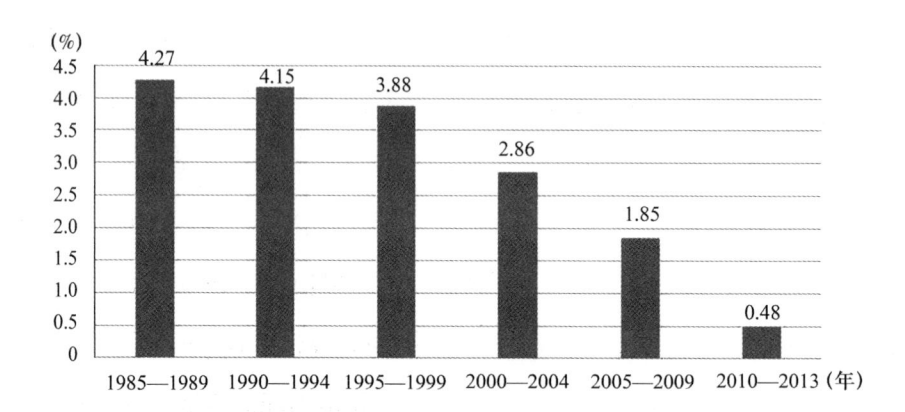

图 5-1　全球主要发达经济体十年期债券平均收益率的变化

资料来源：Mervyn King, David Low, 2014, Measure the "World" Real Interest Rate. NBER *Working Paper*, No. 19887。

"大停滞"理论中的长期低利率状态[1]，低利率在"大停滞"理论中扮演了关键的解释因素：首先，当利率足够低时，负向的宏观冲击使得政策只能采取负利率的形式来刺激就业；其次，低利率破坏金融的稳定性。近几年全球金融市场的资产泡沫以及股市和汇市的动荡，就是这种低利率的直接反映。

（二）全球人口结构的变化、要素生产率的下降和资本深化的滞缓导致实体经济的收益率下降

在大多数国家和地区，传统的适龄工作人口（15—64 岁）将呈现出稳定下降的趋势，尽管南非和印度出现了人口的增长。

---

[1] Summers, L., "U.S. Economic Prospects: Secular Stagnation, Hysteresis, and the Zero Lower Bound", *Business Economics* 49 (2), 2014.

但在当前人口政策不变的条件下，OECD（2014）的研究表明①，2010—2060 年 OECD 国家人口将增加 17%，但可劳动人口（15—74 岁）将减少 7%。OECD（2015）近期的研究表明②，未来 30 年，高收入国家传统的适龄工作人口（15—64 岁）将平均下降 5 个百分点。工资水平的上升和适龄劳动人口的减少以及相伴的人口老龄化问题将使得全球化过程中的人口红利下降。

按照世界银行最新提供的数据，从 1963 年开始，全世界人口出生率（每千人出生的人口）都出现了下降态势。1963 年高收入、中高收入、中等收入、中低收入和低收入国家组别的人口出生率为 21‰、39.9‰、40.8‰、41.3‰和 47.4‰，到 2016 年分别下降到 11.11‰、14.17‰、18.54‰、20.44‰和 35.04‰（图 5-2）。不管哪个收入组别的国家，人口出生率都出现了大幅度的下降。

依据联合国（UN）的数据③，全球人口出生率从 1950—1955 年的 36.4‰开始，此后一直是下降的，预计到 2025—2030 年人口出生率只有 16.7‰。人口出生率长期以来的下降，意味着人口红利的逐步衰竭，这在长期成为决定全球经济产出水平下降的关键因素之一。

---

① OECD, "Policy Challenges for the Next 50 Years", *Economic Policy Paper*, No. 9, 2014.

② OECD, "Looking to 2060: Long-term Global Growth Prospects", *Economic Policy Paper*, No. 3, 2015.

③ 原始数据来源：UN, World Population Prospects: The 2017 Revision。

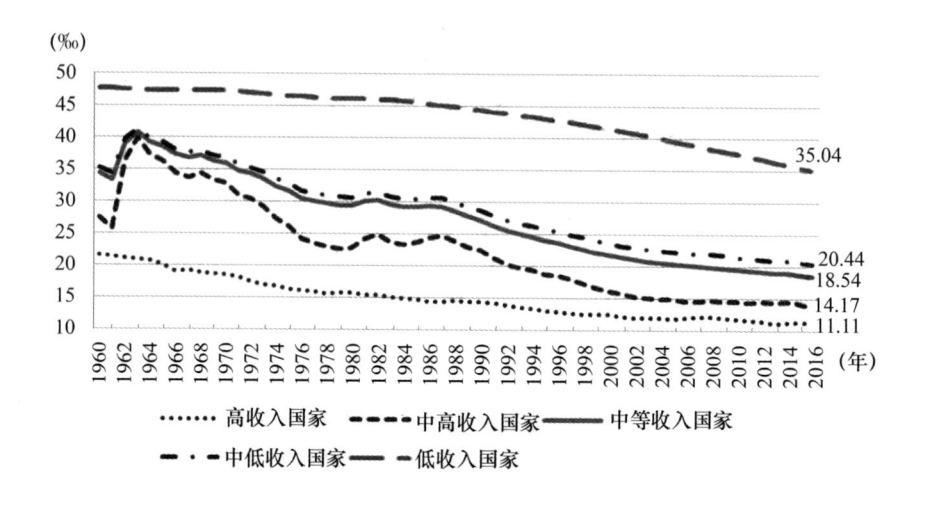

图 5-2　全球不同收入国家的人口出生率

资料来源：World Bank, World Development Indicators, 2019/1/30。

从劳动生产率的增速来看，几乎所有 OECD 国家的劳动生产率都是下降的。表 5-1 的数据显示，除了中国、印度和南欧外，相比 1990—2000 年，2000—2007 年和 2007—2013 年主要经济体的劳动生产率增速均有不同程度的较大幅度的下降。2007—2013 年美国、加拿大、新西兰、澳大利亚和日本的劳动生产率增速比 1990—2000 年下降了 50% 或以上；同期欧洲 5 国、英国、北欧、意大利、德国和冰岛的劳动生产率增速下降幅度超过 100%，韩国和拉美地区大约下降了 43%。中国和印度的劳动生产率增速在 1990—2000 年和 2000—2007 年是增长的，但相比 2000—2007 年，2007—2013 年劳动生产率的增速也分别下降了 31.8% 和 6.4%。

表 5-1　　　　　　全球主要经济体劳动生产率增速的变化

年份 国家或区域	1990—2000	2000—2007	2007—2013
美国	1.81067	1.54491	0.91059
加拿大	1.68527	0.84724	0.33123
新西兰	1.1691	1.13774	0.49365
澳大利亚	1.71172	1.30108	0.73769
欧洲5国	1.43387	1.30904	-0.00616
英国	2.9248	2.04354	-0.38631
北欧	2.18715	1.6469	0.13745
法国	1.81040	1.23426	0.16639
意大利	1.35375	0.22403	-0.16651
德国	1.92667	1.51043	0.22855
冰岛	4.48861	1.79161	1.54305
南欧	1.19371	0.90989	1.01249
拉美	1.21114	0.87171	0.68312
日本	1.88880	1.44303	0.67973
韩国	5.03677	3.86663	2.84310
中国	6.37610	9.55068	6.51148
印度	4.09365	4.86512	4.55312

注：(1) 劳动生产率是指每小时工作带来的 GDP 增长；(2) 欧洲 5 国指意大利、葡萄牙、西班牙、希腊和爱尔兰。

资料来源：OECD (2015), The Future of Productivity。

依据 OECD 的另一项研究[①]，可以发现劳动力在全球经济增长中的贡献率都呈下降趋势。按照其预测，从 2000 年到 2030 年，无论是 OECD 国家还是非 OECD 国家，GDP 增长都会放缓，

---

① OECD, Calculations Based on The Conference Board, 2015.

劳动力对 GDP 的贡献率都会下降。2000—2010 年 OECD 和非 OECD 国家劳动力对经济增长的贡献率分别为 6.7% 和 6.6%，2010—2020 年分别下降到 2.1% 和 3.3%。

从反映技术进步的多要素生产率来看，所有国家都是下降的，且下降的幅度比较大，危机后超过 60% 的 OECD 国家多要素生产率出现了负增长（表 5-2）。近期的一项研究也表明，2007—2012 年全球全要素生产率（TFP）下降了 0.5 个百分点，未来 3 年基本是零增长（Eichengreen, et al., 2015）。这就是通常所说的，次贷危机以来的经济复苏可以称为无技术进步复苏的原因，其本质上是全球技术进步速度显著放缓。发达国家用于生产的资本深化增速缓慢，由于危机后资本投资规模增速的下降，使得资本存量的增速下降。表 5-2 给出的发达国家危机前后资本深化的数据表明，危机前后资本深化有增有减，但平均水平上增速不大。资本深化的滞缓表明实体经济收益率不足以吸引资本的流入。

表 5-2　　　　发达国家经济增长源泉：危机前后的对照

	2001—2007 年			2007—2011 年		
	资本深化	多要素生产率的增长	劳动生产率的增长	资本深化	多要素生产率的增长	劳动生产率的增长
韩国	1.23	3.38	4.61	1.44	3.29	4.70
瑞典	0.62	2.20	2.82	0.61	-0.33	0.26
芬兰	0.29	2.22	2.51	0.50	-1.04	-0.56
冰岛	0.72	1.68	2.38	2.27	1.14	3.36

续表

	2001—2007 年			2007—2011 年		
	资本深化	多要素生产率的增长	劳动生产率的增长	资本深化	多要素生产率的增长	劳动生产率的增长
美国	0.58	1.41	2.00	0.67	0.83	1.46
澳大利亚	0.52	1.46	1.98	0.60	0.07	0.66
荷兰	0.83	0.91	1.75	0.69	-0.70	-0.02
日本	0.49	1.12	1.61	0.47	0.33	0.78
德国	0.45	1.14	1.59	0.14	0.05	0.25
法国	0.56	0.91	1.48	0.54	-0.34	0.19
比利时	0.65	0.80	1.45	0.36	-0.93	-0.57
丹麦	1.08	0.35	1.44	0.93	-0.69	0.22
葡萄牙	1.34	0.06	1.39	1.47	-0.32	1.25
新西兰	0.60	0.55	1.16	0.52	-0.83	-0.33
瑞士	0.35	0.79	1.15	-0.04	-0.28	-0.32
加拿大	0.65	0.19	0.85	0.73	-0.27	0.43
西班牙	0.75	-0.01	0.73	1.72	-0.05	1.64
意大利	0.48	-0.32	0.16	0.62	-0.72	-0.12

资料来源：OECD, Science, Technology and Industry Outlook (2014)。

由于技术进步缓慢，全球现有的技术接近潜在技术前沿，伴随着总需求的下降，R&D 投资的增长率在 2010 年之后出现明显的下滑，同时销售收入增长率也下滑（Pietro Moncada-Paternò-Castllo, 2016）[①]。从部分样本国家和区域的 R&D/GDP 比例来看，除了中国的 R&D/GDP 比例有较为明显的上升趋势外，其他区域或国家基本无增长，甚至下降（图 5-3）。

---

① Pietro Moncada-Paternò-Castllo, "EU Corporate R&D Intensity Gap: What Has Change over the Last Decade?", *JRC Technical Reports*, 2016.

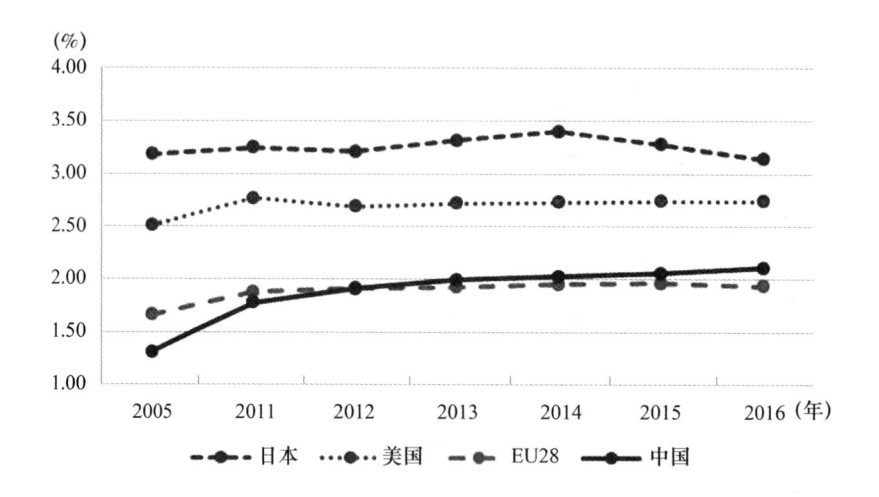

图 5-3　部分主要区域和国家总的 R&D/GDP 比例的变化

资料来源：OECD, Main Science and Technology Indicators：July 2018。

如果我们进一步从欧美的劳动生产率来看，从更长时期来说，1996—2007 年欧元区的年均劳动增长率大约是 1%，而 2008—2016 年，其年均劳动增长率只有 0.2%。从 2013 年第二季度开始，欧元区劳动生产率才出现正增长，这一增长率大约是 0.55%，约为 1996—2007 年年均劳动增长率的一半（图 5-4）。

从长期的美国私人商业部门的多要素生产率来看，2007—2017 年的年增增长率只有 0.5%，为 1948 年以来的历史最低水平。这一增长率只有 1995—2000 年和 2000—2007 年的 31% 和 35.7%（图 5-5）。较 2007 年之前的"大缓和"时期，多要素生产率的增长出现了大幅度下滑。值得注意的是在 2016—2017 年美国私人商业部门的多要素生产率增速出现了回升，达到了 0.9%，但由于 2007—2015 年的年均增长率只有 0.4%，导致了

图 5-4　欧元区劳动生产率的同比增长（1996Q1—2018Q3）

资料来源：ECB。

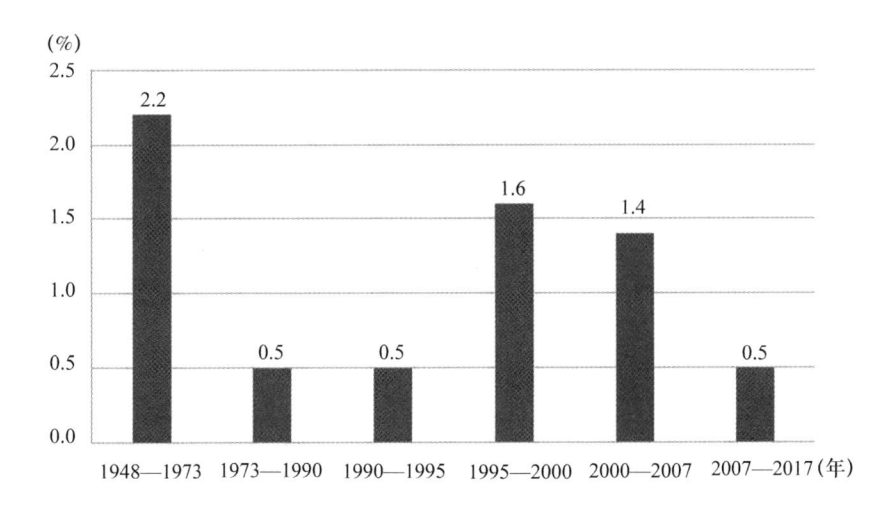

图 5-5　美国私人商业部门多要素生产率的变化

资料来源：U. S. Bureau of Labor Statistics。

2007—2017年的年均增长率只有0.5%。

此外,从日本的多要素生产率来看,自1973年之后,基本上没有增长或者略有下降。[①]

从技术进步的重要指标——专利申请增长率来看,次贷危机后只有中高收入国家专利申请的年度增长率在上涨,与1998—2007年相比,2008—2017年中高收入国家专利申请的年度增长率从13.18%上升到15.39%;而高收入国家专利申请的年度增长率则出现了大幅度的下滑,由1998—2007年的3.48%下降到2008—2017年的0.86%。中低收入国家专利申请的年度增长率也出现了大幅度的下滑,由1998—2007年的8.03%下降到2008—2017年的2.71%(图5-6)。

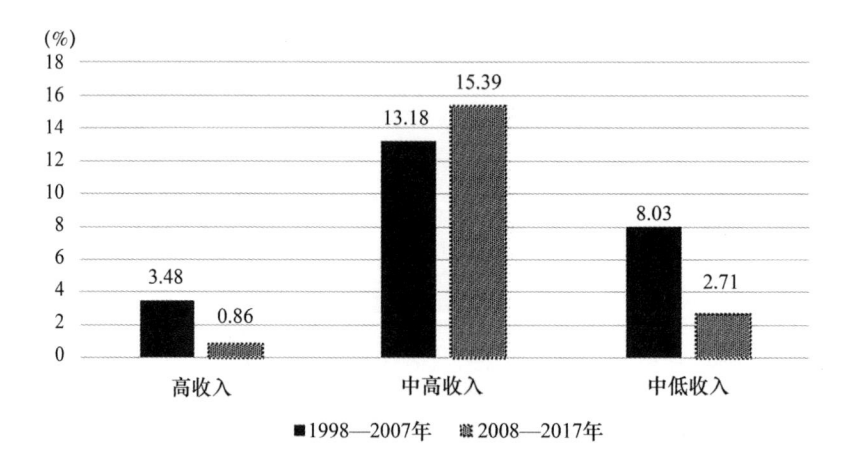

图5-6 全球不同收入组别的国家专利申请的年度平均增长率

资料来源:World Bank, World Development Indicators, 2019/1/30。

---

① Feenstra, Robert C., Robert Inklaar and Marcel P. Timmer, "The Next Generation of the Penn World Table", *American Economic Review*, 105 (10), 2015.

由于全球主要发达经济体的劳动生产率和多要素生产率的提升不尽人意,在人口数量增速下降的态势下,资本积累的速度以及技术进步的速度如果不能够弥补人口增速的放缓,全球经济长期增长的前景不容乐观。

二 全球贸易局势的动荡将降低全球经济的长期增长动力

贸易是全球经济增长的重要动力之一。越是发达的国家贸易依存度越高,2011—2017年高收入国家贸易依存度已经高达62%(图5-7)。即使是中低收入和中等收入国家在2011—2017年贸易依存度也已经超过了50%,而在1960—1970年这一比例都不足20%。

从全球出口市场来看,对高收入国家市场的依赖度一直处于高位,尽管全球对高收入国家市场的依赖度从1981—2000年的77.8%下降到2011—2017年的68.7%。因此,高收入国家市场的开放对全球贸易和增长至关重要。有几点值得注意的是,首先,中国对高收入国家市场的依赖度是全球最高的。1981—2000年中国出口到高收入国家的货物占中国总出口货物的83.1%,到2011—2017年仍然高达72%。其次,低收入国家出口对高收入国家市场的依赖度最低,1981—2000年低收入国家出口到高

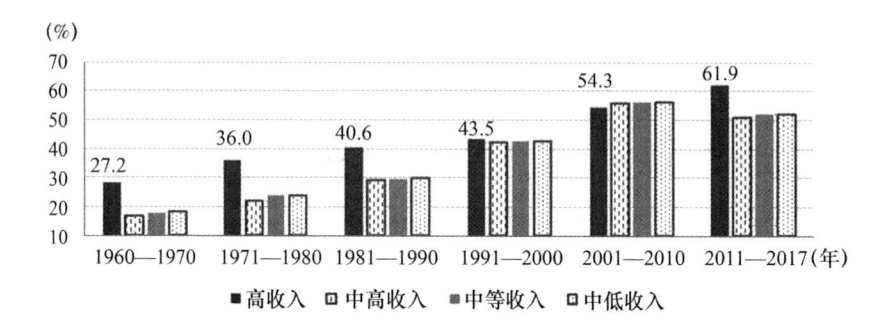

```
    (%)
     70                                                    61.9
                                                  54.3
     60
                                          43.5
     50                             40.6
                       36.0
     40
          27.2
     30
     20
     10
       1960—1970  1971—1980  1981—1990  1991—2000  2001—2010  2011—2017(年)
              ■ 高收入   □ 中高收入   ■ 中等收入   ▨ 中低收入
```

图 5-7　世界不同收入组别国家的贸易依存度（贸易/GDP）

资料来源：World Bank, World Development Indicators, 2019/1/30。

收入国家的货物占低收入国家总出口货物的 60.6%，2011—2017 年下降到 39.7%。中等收入和低中等收入国家出口到高收入国家的货物占其总出口货物的比例也低于 60%。最后，高收入国家出口到高收入国家市场的货物占其总出口货物的比例也相当高，1980—2000 年为 77.8%，2011—2017 年下降到 70.2%（图 5-8）。因此，从出口到高收入国家的货物占其货物总出口份额来看，越是收入高的国家越依赖高收入国家的市场。

从全球进口市场的结构来看，与全球出口市场呈现出相似的状况。如图 5-9 所示，首先，低收入国家从高收入国家的货物进口占其货物总进口的比例最低。1978—2000 年这一比例为 61.7%，2011—2017 年下降到 35.1%。其次，中高收入和高收入国家（包括 OECD）从高收入国家的货物进口占货物总进口的比例较高。比如，OECD 国家 1978—2000 年这一比例为 77.2%，到 2011—2017 年仍然高达 67.6%。再次，中国在

(%)
90
80 77.8   77.8   77.6   77.5   78.1   83.1   77.7
        68.7   70.2   65.8   73.1   72.0
70   59.5   58.9   60.8   67.6
60   60.6
50   39.7
40
30
　　世界　　高收入　中等收入　中等和低收入　低中等收入　低收入　　美国　　中国　　OECD

■1981—2000年　■2001—2010年　■2011—2017年

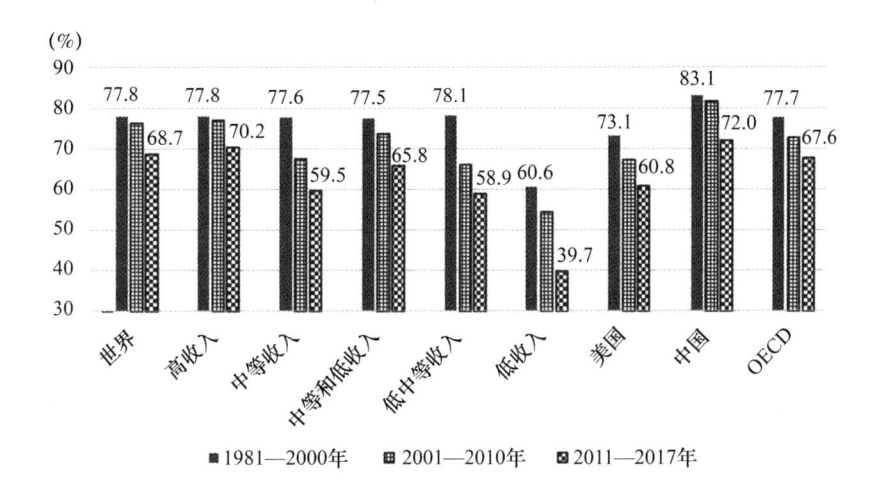

图5-8　世界及不同经济体对高收入国家出口市场的依赖度（对高收入国家货物出口/货物总出口）

资料来源：World Bank，World Development Indicators，2019/1/30。

1978—2000年货物进口的82.2%都来自高收入国家，2011—2017年下降到64.3%。最后，2011—2017年美国的货物进口来自高收入国家市场的比例下降到不足50%，与1978—2000年相比下降了约22个百分点，这说明美国在进口市场上已经比较多元化。对照美国货物进出口来自高收入国家的比例，发现美国在所有高收入国家中对高收入国家的市场依赖度是最低的：进口的49.8%和出口的60.8%依赖高收入国家。从这个角度来说，美国经济全球化程度是最高的。

问题就在于：全球化最彻底的美国，在2018年开始大规模逆全球化，在全球出口对高收入国家市场依赖度高达70%的背景下，贸易摩擦使得一些发达经济体对全球经济一体化的支持减

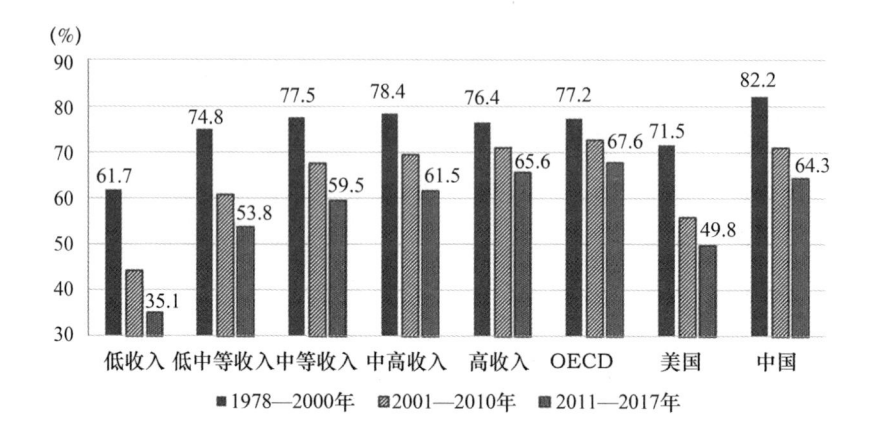

图 5-9 世界及不同经济体对高收入国家进口市场的依赖度（从高收入国家货物进口/货物总进口）

资料来源：World Bank, World Development Indicators, 2019/1/30。

弱，这必然会对全球经济的增长产生负面的冲击。IMF（2018）认为贸易紧张局势升级可能会破坏商业和金融市场情绪，削弱投资和贸易。除了对市场情绪的直接影响外，贸易措施的扩散可能会增加对贸易行动潜在广度的不确定性，从而阻碍投资，而更高的贸易壁垒将使可贸易商品负担不起，扰乱全球供应链，并减缓新技术的传播，从而降低生产率[①]；因此，会降低世界经济长期增长的动力。

---

① IMF, WEO, *Less Even Expansion, Rising Trade Tensions*, July 16, 2018.

第六章 "大变局"及其思考

"大摩擦"带来"大冲突","大冲突"带来"大变局"。1990—2018年全球贸易总额占GDP的比例从39%提高到58%,全球资产及负债总额从GDP的128%上升到401%,移民人口从2.9%上升到3.3%,但这个进程正在放缓。[①] 贸易摩擦及其冲突必然带来经济全球化的重塑。经济全球化的重塑之路也是世界贸易和投资利益的再分配之路,共赢的成分比"想象的合作"带来的收益要小,竞争将成为主旋律。经济全球化的重塑之路是在全球经济发展不平衡、国际货币体系不对称、发达经济体经贸关系"俱乐部化"以及发达经济体技术贸易"禁售"等背景下展开的;进一步叠加主要经济体经济周期的不同步带来的货币政策不同步,处于超级债务周期的全球经济还要承受发达经济体(主要是美国)的货币政策外溢对外汇市场及经济的负面冲击以及复杂的地缘政治关系带来的不确定性等。这些因素共同决定了经济全球化的进程必然产生利益的再分配效应,甚至可能导致经

---

① 英国《经济学人》杂志,2019年1月24日。

济全球化重塑进程是"非帕累托改进"的经济全球化进程。

2017—2018年特朗普秉持"美国优先"的霸权主义,主动发起贸易"大摩擦",其带来的"大冲突"及"大变局"对其他国家来说无疑面临着艰辛的选择,这种选择决定了世界经济出现"大变局"的结果,将直接决定以后的几十年世界经济贸易和投资关系的大格局。因此,从长期战略来说,实现"帕累托改进"的经济全球化重塑进程应该是经济全球化重塑进程中重要参与者坚守的原则。这种"大变局"的结果是什么,并不是通过事先的人为制度设计好的,而是需要通过全球重要的经济体积极参与这种大变革,在分歧与合作的行动中来逐步实现这个"大变局"。本书认为至少有以下九点值得深度思考。

◇◇ 一 尽最大努力避免中美之间竞争关系的恶化

尽管世界经济出现了实质性的多极化趋势,但美国在全球经济、货币体系以及贸易和投资规则的制定上拥有最大的发言权和决定权。我们看到,美国发起的贸易摩擦改变了过去运行几十年的全球贸易与投资格局。贸易投资规则的政治化,使得这种"俱乐部式"的自贸区将割裂传统意义上的经济全球化。由于世界对以美国为代表的发达经济体的市场和技术仍然有较大的依赖，与美国保持良好的经贸关系是中国获得良好外部发展环境的关键。

2018年中美贸易摩擦及带来的紧张经贸关系，是美国主动为之。这一行为使得"修昔底德陷阱"成为研究中美博弈的热门话题。"修昔底德陷阱"表明一个新崛起的大国必然要挑战现存大国，而现存大国也必然会回应这种威胁，这样战争变得不可避免。这应该是美国及一些发达国家对中国发展模式的误读。中国不是作为美国的挑战国而发展和崛起的，例如，是主动融入美国主导的国际经济秩序而发展的，2001年中国在美国的同意和支持下加入WTO。中国是美国战后主导形成的国际经贸秩序的参与者、建设者和完善者。中国没有主张推翻现有的国际体系，而是在维护既有国际体系的前提下，推进全球治理的改革，使更多的新兴经济体和发展中国家能够从现有的体系中获得发展的动力和利益。中国清醒地认识到，虽然成为世界第二大经济体，但经济发展质量不高，无论是经济还是科技，与美国相比存在明显的差距。因此，目前中美之间不存在影响世界权力的交接点。"修昔底德陷阱"在中美贸易摩擦的背景下再次在全球热化，无疑是从国际舆论上给中国施加了压力。但也要看到随着国内成本的上升和技术的进步，中美经贸之间的互补性在下降，竞争性在增加。因此，应理性看待和分析国际舆论，充分讨论了解双方诉求，保持战略定力，做好内部结构性改革，尽最大努力避免中美竞争性关系的恶化。

◇◇ 二 更大程度地拥抱经济全球化是大的发展中国家的理性选择

更大程度地拥抱经济全球化是发展中国家应对这种"俱乐部式"的自贸区的唯一办法。只有更大地开放，更多地参与形成和采纳区域或国际标准，才能更好地应对"大冲突""大摩擦"，积极拥抱"大变局"，才能更好地参与全球竞争，并在全球化重塑中分享经济增长的新动力。

2018年取代北美自贸协议的美墨加协议中的"毒丸"条款，带有强烈的政治意识形态，这对于中日韩自贸区协议、中欧贸易协议以及中加贸易协议极为不利。美国强调的"对等"关系导致经济体"俱乐部"关税趋同、规则趋同。作为发展中国家的中国在经济全球化重塑进程中将会分担更多的成本。由于发达经济体的市场是中国出口导向型经济增长模式的核心市场，尽管开辟新兴经济体和发展中国家的市场很重要，但仍然无法替代发达经济体的市场。

因此，中国用一系列的行动表明了将继续通过深化改革，加大开放力度，包括加快与发达经济体签订自贸协议、打造国内自贸区、取消一些投资限制、降低关税等措施来持续推动经济的全球化，积极参与WTO的改革，维护多边贸易和投资体制。使得在这一轮经济全球化重塑的进程中，中国能够通过开放的深化，更加紧密地融入经济全球化。

◇◇ 三 此轮经济全球化的重塑进程也是竞争模式全面重塑的过程，包含着明显的政治意识形态

在过去几十年里，全球通过扩展贸易增加了各国的就业、减少了贫困、增加了知识和技术的进步与扩散。随着特朗普"美国优先"对外政策的逐步展开，这种有利于全球经济平衡发展的方式正在发生改变。"美国优先"的对外竞争方式强调"对等交易"，这种"对等交易"不会考虑全球分工模式，不会考虑国情之差异。特朗普以"美国优先"的竞争方式正在重塑经济的全球化，本质上是为了维持以美国为代表的部分发达经济体的利益，这在过去两年中在诸多方面得到了体现。

首先，在贸易上按照"美国优先"的方式打造自贸协议，例如美墨加自贸协议、美韩自贸协议以及正在推进的美日自贸协议和美欧自贸协议。美国抛开WTO，与世界上主要发达经济体分别开展了自贸协议谈判。由于高收入国家的市场占全球市场的70%，这种方式无疑降低了多边体系的重要性，尤其是美墨加自贸协议中的"毒丸"条款为中日韩、中

加贸易协议的谈判设置了障碍。可见，发达经济体贸易"俱乐部"化是经济全球化重塑的第一个显著特征。其次，经济全球化重塑的第二个特征是税制的全球竞争。发达经济体，尤其是美国利用其公司所得税在整个税制结构中占比小的优势，大幅度降低公司所得税，提升本国企业的国际竞争力和吸引海外资本回流来发展美国经济。同时，利用已经具备的低关税要求发展中国家采取"对等"幅度的关税，这对部分主要新兴经济体和发展中国家保护国内产业产生了极大的冲击。最后，在技术上采取闭关锁国政策来维持技术竞争的垄断性。美国在以往技术"禁售"力度的基础上，采取限制与美国认为的敏感国家和区域的技术研究合作措施来防止技术扩散，对不同国家和区域采取差异性的知识产权保护措施，以维持技术竞争的优势。美国的技术贸易限制和一些重要的自贸区协议，将使技术贸易变得稀缺。增强自身研发能力、提高研发水平和强化知识产权保护是提升技术的关键因素，但这并不排斥发展中国家尽力向发达经济体学习先进技术的途径。因此，"俱乐部化""关税对等""技术贸易的稀缺"构成了"大变局"的三个主要特征。

自贸区竞争、税制竞争和技术竞争方式的重塑将构成经济全球化重塑的重要内容，这种新竞争模式背后折射出来的是WTO再也回不到从前了，改版的WTO将更多体现大的发展中国家的责任和义务。

◇◇ 四 美元体系很难发生巨变，美元体系的过度弹性依然是世界经济动荡的根源之一

目前全球货币体系是美元主导、欧元追随的货币体系，美元体系是全球货币体系的领导者。考虑到欧洲经济目前及未来面临的一系列问题，如英国的"脱欧"、欧洲的债务、法国的"黄马甲"民粹主义运动以及德国经济增长的乏力；再加上欧洲是美国主导的北约和俄罗斯长期"对抗"的地缘政治带，欧元本质上不具备彻底挑战美元体系的能力，即使欧洲几个国家开发出自己的国际结算系统，但由于多方面受制于美国，美元体系在未来多年还是全球货币体系的领导者。

从反危机来看，主要发达国家，主要是美国的非常规货币政策的实施增加了新兴经济体的汇率波动和资本动荡的风险，或者发达国家的货币政策正常化出现意外的变化或异于预期的走势，都会给新兴经济体带来显著冲击，这与过度弹性的美元体系密切相关。新兴经济体普遍面临资本逆转的风险和大规模、波动不定的资本流动管理带来的挑战。

随着美国货币政策的转向，在金融开放的条件下，新一轮国际资本套利再次出现，2018年部分新兴经济体外汇市场出现的剧烈动荡就是力证。

受制于经济复苏进程中的诸多不确定性，为防止套利而使用利率工具来调控资本流动面临的首要问题是国内经济状态是否允许。一种替代性的办法是，新兴经济体为应对资本逆转可以采用资本管制，即实施资本账户审慎管理。IMF 在 20 世纪 90 年代不遗余力地推进资本自由流动，禁止成员国对资本账户进行管制，但在 2008 年国际金融危机后，目睹了一些新兴经济体因本国资本市场管制减少而受到危机的冲击，对待资本管制的态度发生了变化，认为可以在一定的情况下对资本流动进行适当的管制，并在 2011 年阐述了应对资本流动的资本管理建议框架，建议在面对资本大量流动时，一些国家基于其汇率状况，考虑审慎措施或资本管制可能是合适的。总体上，新兴经济体资本管制基本能够起到一定的"防火墙"作用，但不可能做到完全消除美元体系过度弹性的负面冲击。

因此，对于新兴经济体，尤其是出口导向型的经济体要高度重视实用汇率制度安排，任何急于拥抱金融全球化、急于全面开放资本账户的举措都有可能带来灾难性的后果。

◇◇ 五　美国的经济政策，尤其是货币政策和对外政策成为世界经济不确定性的最大根源

美国货币政策收紧的速度和力度将取决于美国国内经济

状况，主要是通胀水平的上升速度。这就产生了一个问题：在特朗普"美国优先"的自私理念下，美联储加息对其他有经济下行压力的经济体来说，承受的经济压力更大。同时，美国经济增长的稳健性给了特朗普搞贸易摩擦的"本钱"，这进一步恶化了其他有经济下行压力的经济体的经济发展环境。因此，美联储的加息速度和力度是决定全球经济变化的核心因素。

特朗普政府尽力延长美国经济景气周期的策略是：尽力延续刺激性的财政政策，维持消费、投资对美国经济增长的边际拉动力。倾向于"工资上涨+低油价"的政策组合来缓解通胀压力，从而延缓美联储加息的速度和力度，让资产价格维持在高位调整，减缓居民资产财富和企业净值的向下调整幅度，推迟金融周期的向下调整。特朗普政府希望通过以上措施延续美国经济景气周期的长度，增加美国对外实施贸易摩擦的资本。

过去几十年美国一直是现有多边体系的主导者和维护者。现在美国主动打破这种多边体系，希望通过经济全球化的重塑来获得更多的好处，减缓美国在全球影响力的下降，维持其经济和技术霸权。2017—2018年美国主动发起的贸易摩擦导致全球贸易投资限制规则的提高，限制和阻碍了技术贸易和技术扩散，维持其技术垄断。经济全球化的重塑在某种程度上意味着技术贸易稀缺性的增加和更为严酷的技术竞争。

◇◇ 六 在"大平庸"周期延展的背景下，内外部平衡发展将成为全球经济发展的新模式

外部不平衡成为特朗普发起2018年的贸易摩擦的借口，这也给出口导向型经济体走内外平衡发展之路，提出了挑战。"贸易超调"导致的贸易"平庸期"会延展，贸易的"平庸期"使20世纪发达国家标榜的所谓"后华盛顿共识"作古，国际市场贸易红利争夺战将会持续并可能升级。由于全球经济增长前景不容乐观，国际市场容量难以有大的扩展。在贸易摩擦长期化的态势下，扩展国际市场份额将越发困难。

因此，对大的出口导向型经济体来说，一方面要更加重视内需，扩展和利用国内大市场将成为中国等发展中国家急需解决的问题。另一方面，在国际市场容量的存量和增量给定的情况下，"大平庸"周期的延展使得扩展外需困难重重，但开拓新市场也是必然的选择，"一带一路"倡议是拓展全球贸易，实现全球共同发展的中国方案。

IMF（2018）的一项研究表明，外部需求、外部金融条件和贸易条件的变化将严重影响新兴市场和发展中国家的中期增长以及增长加速和逆转的发生。国家特定的外部条件对中期增长的重

要性随着时间的推移而增加，特别是外部金融条件的日益增长贡献占 1995—2004 年和 2005—2014 年人均收入增长的 1/3。较强的外部需求和金融条件显著增加了增长加速的可能性，而三个条件中任何一个条件的加强都显著降低了逆转的可能性。[①]

因此，在贸易摩擦和主要经济体货币政策溢出效应的外部作用下，国内灵活的财政政策比货币政策能更有效地提高发展中国家内需，提升企业参与全球经济的竞争力。财政政策将是降低企业负担、补经济短板、刺激新增长点的核心政策手段，尤其是通过降低税费来减轻企业负担是当下激发企业活力、提高企业国际竞争力的一个重要手段。货币政策的要点将放在关注汇率波动和提供市场正常的流动性上，尤其是汇率要保持相对稳定，降低外部经济的不确定性对国内经济的冲击。

七　在全球处于超级债务周期的时期，谁率先解决了过度的债务问题，谁就获得经济发展的稳健动力

反危机以来，宽松的流动性使得全球债务以极快的速度膨胀。但在这个过程中，不同国家债务的形成结构并不相同。美国

[①] Bertrand Gruss, Malhar Nabar, and Marcos Poplawski-Ribeiro, "Growth Accelerations and Reversals in Emerging Market and Developing Economies: The Role of External Conditions", IMF *Working Paper*, No. 52, 2018.

的债务上涨主要集中在政府债务上，政府的资产负债表恶化，居民和企业资产负债表有显著的改善。这就使得美国经济的增长具备良好的微观基础，企业盈利能力的提升也是美国股市屡创新高的基础性原因。欧洲的情况比美国的状况要差，主要经济体，如德国，经济增长乏力。欧洲不少国家财政赤字严重，与次贷危机之前相比，欧元区政府总债务占GDP比重和净债务占GDP比重也分别增长了20个和17个百分点，2018年达到84.4%和69.5%。与美国相反，欧元区已经开始了明显的去政府杠杆的进程，其政府总债务和净债务的高点都在2014年，分别为GDP的91.7%和84.7%。日本政府的总债务占GDP比重和净债务占GDP比重在2018年分别达到116.9%和84.8%，比2007年分别高出36个和29个百分点。可见，主要发达经济体的债务风险主要集中在政府债务上。

发展中国家债务结构也存在明显的差异。反危机以来，中国政府的总债务率上升了1倍，同时家庭杠杆率也上升了1倍，部分行业的企业也呈现高负债率；但外部负债很少，外汇储备充足。一些新兴经济体情况也不相同，如巴西公共负债增长太快，土耳其等外部负债出现了大幅度的增长。

全球不同经济体债务结构的多样化意味着债务结构优化或者降低债务率的办法各不相同，但都对利率的变化极其敏感，尤其是美国国内利率的变化。如果2019年美联储继续加息，那么所有的债务成本都会上升，而且美国资本的回流将严重冲击外部债务高企的新兴经济体。

加杠杆的过程持续了多年，降杠杆的过程同样需要持续多年。超级债务周期时期意味着短期中经济难以有大的改善，债务周期本身就是经济的通缩周期。因此，解决债务问题成为全球主要经济体面临的中长期问题。

◇◇ 八　宏观调控要具有经济周期和金融周期"双周期"的思维方式

次贷危机之后的长期产出损失使研究者开始反思传统的经济周期波动理论，出现了悲观的"大停滞"理论、总需求不足等因素导致的贸易"超调"理论等。这些理论对次贷危机之后的全球产出和贸易持续损失的现象进行了描述，依然主张采用传统的财政政策来刺激经济复苏，或者并未触及如何去规避这种产出持续损失的宏观调控政策。究其原因在于，这些理论依然采用"二分法"或者"合一法"来看待宏观调控政策。传统的主流周期理论在看待这一问题时，采用的是"两分法"，周期就是指经济周期，要从逆经济周期出发来考虑宏观政策的制定。强调对付经济危机的办法是按照凯恩斯主义的思路提高经济总需求，即政府要投资或者鼓励投资，要刺激消费。当然，也包括汇率贬值来刺激出口，提高国外对本国产品和服务的消费；但这种"以邻为壑"的贬值政策会带来货币恶性贬值竞争。

次贷危机后,金融资产的快速膨胀,使得金融周期成为研究的热点。金融周期不同于传统的经济周期,其具有内生性。用货币量、资产价格表达的金融周期有自身的周期规律。由于既有的绝大多数研究表明金融周期的周期时长比经济周期的周期时长要长一些,因此经济周期和金融周期往往是不同步的。反危机后,全球经济复苏缓慢,但货币量和资产价格高企,世界经济一度面临着经济周期和金融周期的双重冲击[①]。在"双周期"不同步的背景下,传统的刺激需求的货币政策存在明显的内生性冲突:宽松货币政策刺激实体经济,但由于资产价格能带来更大的收益,货币不能有效进入实体经济,金融资产泡沫反而会被进一步放大。

宏观审慎原则的提出在某种程度上是对"双周期"不同步反思的结果。双周期不同步对宏观政策的制定与执行提出了非常高的要求,需要严格把握政策力度,确保双重周期的平稳过渡,避免经济衰退和泡沫蔓延。因此,需要结构性的货币与财政政策的相互配合,利用诸如减税等方法来缓解企业的压力。通过持续性供给侧结构性改革来刺激新兴产业的增长,转换经济动能。在确保金融周期平稳过渡的前提下,不扼杀经济周期复苏的动力。

---

① 王晋斌、金鑫:《经济周期与金融周期双重冲击下的世界经济》,《安徽大学学报》(哲学社会科学版) 2017 年第 1 期。

九 未来一段时期大宗商品出口国或许会再次出现"资源诅咒"现象

次贷危机之后,大宗商品价格指数和原油现货价格都经历了急剧的下降,随着大规模经济刺激计划的实施,尤其是中国实施了"4万亿计划",大宗商品和原油价格也出现了快步攀升,并在2011—2012年达到峰值;但随着经济刺激计划退出以及伴随的经济疲软态势重现、美元加息预期带来的美元走强以及OPEC放弃限产维价定价策略推动了油价的下降。更重要的是页岩油供给的快速增长、原油供给增加的边际作用推动油价步入了快速下降的通道。重要的产油国为争夺国家原油市场份额而不减产的策略,使得国际原油市场定价法则由原来的卡特尔定价演变为具有Bertrand性质的竞争性定价。而其他类的大宗商品则受制于经济需求之困,价格也急剧下降。大宗商品和原油的价格相对于2011—2012年的高点,均出现了几乎腰斩的局面。由于页岩油价格对供给的高度敏感性,同时由于世界生产模式的逐步改变,一些发展中的大国(如中国)正在逐步减少重工化生产,经济更多向消费驱动型以及清洁生产型模式发展,大力发展清洁能源的趋势使得全球经济增长中的原油密集度将会逐步下降,这些意味着油价将在未来几年处于中低价格运行轨道之中（IEA，2015）[①]。

　　进一步考虑到特朗普的"工资上涨+低油价"的政策组合和美国几乎成为净能源出口国的事实，OPEC在国际市场的定价权逐步下降。在超级债务周期的背景下总需求难有大的起色，只要地缘政治不发生大的急剧冲突，油价处于中低轨道运行的概率很大。未来一段时期大宗商品出口国或许会再次出现"资源诅咒"现象。

---

① IEA, *World Energy Outlook*, 2015.

附录　特朗普贸易摩擦时间表

本部分内容来自：Chad P. Bown and Melina Kolb，"TRUMP'S TRADE WAR TIMELINE：AN UP-TO-DATE GUIDE"，Peterson Institute for International Economics，December 1，2018。

◇◇附表一　太阳能电池板和洗衣机进口损害了美国工业

时间	国家	事件
2017年10月31日	美国	美国国际贸易委员会发现，进口太阳能电池板（2017年10月31日）和洗衣机（2017年11月21日）已对美国太阳能电池板和洗衣机行业造成损害，并建议特朗普总统实施"全球保障"限制，根据《1974年贸易法》第201条，美国两个行业在2017年初分别提出了调查请求，这是自2001年以来根据法律首次提出的行业请愿书
2018年1月22日	美国	特朗普批准对进口85亿美元太阳能电池板和18亿美元洗衣机征收全球保障关税，这在历史上是罕见的

续表

时间	国家	事件
2018年5月14日	韩国	韩国通过世贸组织挑战太阳能电池板和洗衣机的关税，声称它们违反了世贸组织的规则
2018年8月14日	中国	中国对美国太阳能电池板关税提出世贸组织争端，中国商务部宣布了一个正式的案例，声称美国的关税损害了中国的贸易利益

◇◇ 附表二 钢铁和铝成为国家安全威胁

时间	国家	事件
2017年4月20日	美国	国家安全调查于2017年4月20日开始，调查结果于2018年2月16日公布，特朗普总统指示商务部部长威尔伯·罗斯对1962年《贸易扩张法》第232条下的钢铁（4月20日）和铝（4月27日）进口是否威胁美国国家安全进行两次调查；商务部调查报告称，在极少使用的1962年贸易扩展法案的支持下，认为进口的钢铁和铝制品威胁美国国家安全；尽管调查始于2017年4月，但这是公众第一次了解到哪些钢铁和铝产品可能会受到新关税的影响
2018年3月1日	美国	特朗普宣布在国家安全的基础上对所有贸易伙伴征收25%的钢铁关税和10%的铝关税，这将比商务部的建议更进一步，包括估计480亿美元的进口，主要来自加拿大、欧盟、墨西哥和韩国等盟国，由于美国先前征收反倾销和反补贴税，仅6%的进口产品来自中国

续表

时间	国家	事件
2018年3月8日	墨西哥、加拿大	特朗普发布了正式的钢铁和铝关税公告,但在他对北美自由贸易协定(NAFTA)重新谈判的结果持怀疑态度之前,特朗普豁免了加拿大和墨西哥;这些豁免不包括一周前宣布的大约1/3或153亿美元的进口。他决定其他合作伙伴可以与美国贸易代表罗伯特·莱特希泽谈判,要求将特定产品排除在关税之外
2018年3月22日	欧盟、韩国等	特朗普发布了修订后的正式钢铁和铝关税公告,进一步免除了欧盟、韩国、巴西、阿根廷和澳大利亚以及加拿大和墨西哥之前宣布的关税,但仅限2018年5月1日,这意味着3月1日原覆盖进口的1/3暂时免税
2018年3月23日	主要钢铁和铝贸易伙伴国家	特朗普的钢铁和铝关税对某些国家实行免税,25%的钢铁关税适用于2017年向美国出口102亿美元钢铁产品的国家,10%的铝关税适用于出口77亿美元的国家,没有删除限制的时间线或明确标准;韩国获得钢铁永久豁免,但面临配额
2018年3月28日	韩国	韩国同意减少对美国的钢铁出口,作为对钢铁关税永久豁免的回报,钢铁配额268万吨,比2017年减少了21.2%
2018年4月30日	欧盟、加拿大	特朗普政府将向欧盟、加拿大和墨西哥提供钢铁和铝关税的豁免延长至2018年6月1日,韩国铝关税豁免结束,阿根廷、澳大利亚和巴西在最终确定进口对国家安全造成威胁的"令人满意的解决对国家安全造成损害的替代手段"的细节时,获得了钢铁和铝关税的无限期豁免
2018年6月1日	欧盟、加拿大、墨西哥等	美国于2018年6月1日结束对欧盟、加拿大和墨西哥的关税豁免,美国将继续对欧盟、加拿大和墨西哥征收25%的钢铁关税和10%的铝关税,从而终止先前批准的6月1日生效的免税政策;这三个贸易伙伴在2017年提供了美国钢铁和铝进口的近一半,截至6月1日,阿根廷拥有钢铁和铝的配额,作为对这两种金属永久性关税豁免的回报;巴西有钢铁配额,半成品和成品的数量不同,对铝征收10%的关税;澳大利亚仍然是唯一没有贸易限制的钢铁和铝贸易伙伴

续表

时间	国家	事件
2018年7月16日	加拿大、中国、欧盟等	美国贸易代表分别向世贸组织提出了针对加拿大、中国、欧盟、墨西哥和土耳其的争端，对世贸组织各成员国针对特朗普总统旨在保护美国国家安全利益的铝和钢贸易行动征收的关税提出了挑战；这五个经济体在2017年对价值240亿美元的美国出口征收了关税
2018年8月10日	土耳其	特朗普总统宣布，为了应对土耳其里拉贬值，他将把对土耳其征收的钢铁税税率从25%提高到50%，他还表示，土耳其的铝税率将从10%提高到20%；2017年土耳其供应了美国4.2%的钢铁进口和美国0.3%的铝进口；土耳其此前曾对包括农产品在内的18亿美元美国出口进行报复

◇◇ 附表三　技术、知识产权（IP）的不公平贸易行为

时间	国家	事件
2017年8月18日	中国	美国贸易代表罗伯特·莱特希泽在特朗普总统2017年8月14日签署备忘录之后，根据《1974年贸易法》第301条对中国发起调查，指示特朗普考虑是否调查中国任何可能不合理或歧视的法律、政策、做法或行动，这可能损害美国的知识产权、创新或技术发展
2018年3月22日	中国	特朗普政府发布的报告发现，中国根据《1974年贸易法》第301条的规定进行与技术转让、知识产权和创新有关的不公平贸易行为；特朗普表示，将对高达600亿美元的中国产品采取关税补救措施、世贸组织（WTO）争端以及新的投资规则

续表

时间	国家	事件
2018年4月3日	美国	特朗普政府公布了价值500亿美元的1333种中国产品清单，考虑25%的关税，其中包括462亿美元的美国进口产品；受到冲击的顶级行业包括机械、机械设备和电气设备；大约85%的关税目标是中间投入和资本货物，这将提高美国公司供应链的成本
2018年4月4日	中国	中国对汽车、飞机和农业实施反制性措施，中国公布了106种产品的清单，这些产品将受到即将出台的25%关税的约束，作为对特朗普301条款关税的反制，涵盖了中国从美国进口的500亿美元产品；它们主要影响美国的运输（车辆、飞机和船只）和蔬菜产品（主要是大豆）
2018年4月5日	美国	特朗普指示贸易官员考虑，美国从中国再进口1000亿美元的产品是否应该征收新的关税
2018年6月15日	美国	美国修订了500亿美元的关税清单，美国贸易代表公布了修订后的产品清单，计划从2018年7月6日起分两个阶段征收25%的关税。与2018年4月3日提出的原始清单相比，新的500亿美元清单目标的中间投入甚至更多——95%的产品现在是中间投入或资本设备，主要由依赖中国进口的美国公司使用；根据2017年的数据，更新后的清单仍然大多遗漏了从中国企业进口的产品
2018年6月15日	中国	中国发布了一份最新的500亿美元反制清单，其中包括25%的关税；它的目标是2017年美国向中国出口的大约450亿美元货物，其中包括许多农产品和食品；中国还计划对该清单采取两个阶段的做法，从2018年7月6日起覆盖340亿美元的美国商品，包括大豆和汽车；其余160亿美元的产品将在稍后被覆盖，可能等待特朗普政府6月15日公布的拟议第二阶段关税；与中国4月4日的清单相比，增加了矿物燃料、一些消费品和医疗设备，飞机被从名单上除名了
2018年6月18日	美国	特朗普要求提高关税回应中国于2018年6月15日宣布的报复性关税，特朗普指示美国贸易代表确定额外价值2000亿美元的中国货物，以10%的税率征收额外关税，这是6月15日500亿美元清单中的第一个，他还威胁说，如果中国再次报复，将征收2000亿美元的关税

续表

时间	国家	事件
2018年7月10日	美国	根据6月18日的要求，美国贸易代表在8月的公开听证会后公布了一份2000亿美元从中国进口产品的清单，这些产品将被征收10%的新关税；中间产品，如电脑和汽车零部件，占清单的47%；与6月15日之前的清单（包括电话、电脑、家具、灯具和行李）相比，消费品的目标更为突出；这份清单加上6月15日的500亿美元清单，将涵盖2017年从中国进口的约5040亿美元货物中的2500亿美元货物
2018年7月20日	美国	特朗普威胁对中国所有进口商品征收关税，特朗普在接受采访时说，他准备对美国从中国进口的所有产品征收关税，2017年美国从中国进口的产品总额为5040亿美元，这一威胁涵盖了此前尚未征收关税或根据第301条调查宣布正在调查的2620亿美元进口产品，资本商品和消费品将是主要目标，因为中间投入已经成为以前的目标，包括移动电话、笔记本电脑和服装
2018年8月1日	美国	特朗普想要25%的关税，而不是10%，按照特朗普的指示，美国贸易代表考虑25%的税率，而不是7月10日公布的2000亿美元进口清单上的10%
2018年8月3日	中国	中国警告称，在特朗普威胁将2000亿美元中国商品的拟议税率从10%提高到25%以及可能用关税覆盖从中国进口的5000亿美元之后，中国可能对600亿美元的美国商品增加5%—25%的关税；该清单的目标主要是中间投入，其次是资本品和消费品，将这一新的清单与6月15日的清单结合起来，中国从美国进口的货物中，只有530亿美元的货物还不受中国报复性关税清单的约束
2018年8月7日	美国	美国贸易代表局于2018年8月7日确定第二批关税，特朗普政府发布了对其500亿美元清单第二阶段的修订，宣布从中国进口的160亿美元产品将受到更高的25%税率的制约，将于8月23日生效；在公开听证会之后，美国贸易代表仅删除了6月15日公布的284种产品中的5种，这些产品包括褐藻酸、分割机、集装箱、浮船坞和2017年价值4亿美元的切片机进口
2018年8月8日	中国	中国修改了6月15日从美国进口的500亿美元清单的第二部分，计划征收25%的关税；原油被移除，并替换为其他一些产品，修订后清单上的关税涵盖了160亿美元的美国进口产品，预计在特朗普政府6月15日的第二批关税清单于8月23日实施后立即生效

续表

时间	国家	事件
2018年8月13日	美国	美国通过贸易和国家安全法。特朗普签署了约翰·麦凯恩《2019财年国防授权法案》，该法案包含两项关键条款，即监控美国的一些外国投资（FIRRMA）和技术对外转让（ECRA）
2018年8月23日	美国和中国	美国和中国于2018年8月23日实施第二阶段500亿美元关税；特朗普政府随后对从中国进口的160亿美元产品征收关税，这是6月15日公布的经修订的500亿美元清单的第二阶段，同样在6月15日，中国立即对160亿美元的美国出口商品调整关税；这些行动完成了每个国家最初在4月份宣布的500亿美元关税目标
2018年9月17日	美国	特朗普政府于2018年9月17日最终确定了2000亿美元的关税清单，该清单将在9月24日生效，税率为10%；特朗普政府还宣布，利率将在2019年1月1日升至25%，在新的目标进口中，50%是中间产品，如电脑和汽车零部件，但24%是消费品，高于前一关税阶段目标消费品的1%，从最初的7月10日建议名单中删除的产品包括床单和手套等
2018年9月18日	中国	中国宣布，如果美国继续对中国2000亿美元的出口产品征收最近敲定的关税，中国将对600亿美元的美国出口产品征收关税；这些关税主要针对中间投入和资本设备，从最初公布的5%—25%不等，从5%—10%不等
2018年12月1日	美国和中国	在布宜诺斯艾利斯举行的20国集团会议后，中美关税休战，特朗普总统和习近平主席宣布了一项协议，以阻止关税谈判的升级；然而，由于白宫和中国官方媒体之间没有联合声明，也存在一些分歧，细节仍然不明朗

◇◇ 附表四　汽车威胁国家安全

时间	国家	事件
2018年5月23日	欧盟、加拿大等	继钢铁和铝业案件之后，美国商务部启动了特朗普对进口汽车和零部件的第三次国家安全调查；公众听证会定于2018年7月19日至20日举行；据报道，特朗普正在考虑将这些产品的关税提高到25%，一项PIIE分析发现，如果没有豁免，这些产品可能会使美国失去19.5万个工作岗位；如果其他国家以牙还牙，这个数字可能会增加三倍以上；关税将影响208亿美元的进口产品，不包括汽车零部件，几乎全部来自美国的主要盟国
2018年8月27日	美国和墨西哥	特朗普和墨西哥总统恩里克·佩涅托宣布了一项初步的美墨贸易协定，该协定可能取代北美自由贸易协定（NAFTA）；新闻来源报道说，一项附加协议伴随着一项贸易协定，该协定将为墨西哥提供针对美国未来可能对汽车征收的国家安全关税的"保险"；墨西哥仍然可以免税使用符合新原产地规则的汽车，自愿限制其对美国的汽车出口；在总统办公室的声明中，特朗普还威胁要对加拿大的汽车征收关税